Silvano Bistazzoni

L'ANIMA CHIUSA
E ALTRE STORIE

Ai miei genitori, partner e amici
per il loro amore e supporto

Indice

L'anima chiusa

Prologo

Un lungo viaggio nel mondo interiore di un bambino, bisognoso di aiuto e di sostegno.

Il breve romanzo *L'anima chiusa* è nato dall'osservazione di alcuni casi durante le terapie condotte da me con bambini e giovani, perciò è frutto della mia esperienza diretta e dei molti anni di insegnamento in istituti di formazione. Vuole anche essere una testimonianza utile ai miei studenti e a tutti coloro che siano interessati all'argomento o desiderino lavorare in questo campo. Pur rimanendo un'opera di finzione, si propone di offrire al lettore un quadro chiaro e veritiero di quanto accade nella realtà.

È un viaggio doloroso ma anche istruttivo e gratificante. Molti ostacoli cercheranno di rendere difficoltoso il viaggio, ma nulla sarà abbastanza forte da fermarlo.

Amore, tradimento, legame familiare: sono questi i sentimenti che caratterizzano le altre storie, tutte collegate alla possibilità umana di prendere la decisione giusta al momento giusto.

"Come si potrebbe mai impedire a un fiume di confluire nel mare?".

Silvano Bistazzoni MBACPRegistered Practitioner
British Association Counselling & Psychotherapy

Capitolo 1

"Ciao, benvenuto nella sala dei giochi. Come stai?".

Non risponde, mi guarda con i suoi grandi occhi scuri. Poi distoglie lo sguardo, come se stesse cercando qualcosa da fare.

"Vuoi giocare? Ci sono molti giocattoli sotto gli scaffali laggiù".

Guarda nella direzione che gli ho indicato e ci si dirige velocemente.

Tira fuori la prima scatola di giocattoli, prende un'automobilina e prima che io possa dire qualcosa la scaraventa verso la finestra.

La manca di un paio di centimetri. La macchinina ha colpito il muro e si è schiantata sul pavimento con un leggero rumore metallico. Completamente distrutta.

"È un buon inizio", penso. "Non ho avuto nemmeno il tempo di parlargli delle regole della terapia. Lo farò adesso", e mi avvicino.

"Joe, questo è il tuo spazio, puoi fare tutto quello che vuoi qui, ma ci sono alcune semplici regole: non puoi rompere nulla e non puoi far male a nessuno, compreso te. È chiaro?".

Mi guarda con curiosità prima di rispondermi.

"Che cosa succede se lo faccio?". Mi sfida.

"Indovina", rispondo in tono assertivo. So che non mi risponderà. Ora sono pronto per formulare le condizioni del contratto.

"C'è dell'altro prima che iniziamo... Tutto quello che mi dirai qui è in confidenza, il che significa che non racconterò niente a nessuno, a famiglia, scuola, amici, ma se intuisco che qualcuno ti sta facendo del male, o potrebbe farti del male, o che tu potresti fare del male a qualcuno, te compreso, allora dovrò rivelarlo. Ma, se possibile, informerò te prima di ogni altro. È chiaro?".

"Sì sì...". Continua a prendermi in giro. "Non ci volevo venire qui".

"Non volevi venire qui, ma ora che ci sei puoi approfittare dell'ora che trascorreremo insieme. Che ne dici?".

"Voglio tornare a casa", urla, cominciando a sbattere un dinosauro di plastica sul pavimento.

"Sono sicuro che tua madre verrà a prenderti non appena avremo finito".

Rimane in silenzio. Mi accorgo che ci sta riflettendo.

"Quanti bambini vedi qui?", chiede.

"Molti. Almeno quattro o cinque al giorno".

"E cosa fanno?".

"Si divertono. Giocano, parlano, scrivono sul computer, disegnano... Qualsiasi cosa vogliano fare e che sia ammessa".

"Che cosa significa ammessa?".

"Giusta, corretta".

"Cosa c'è dietro quella porta?".

"Ti piacerebbe sapere cosa c'è dietro la porta?", ripeto.

Silenzio.

"C'è un'altra stanza per i bambini più grandi che preferiscono parlare invece che giocare. Vuoi vederla?".

Non risponde, ma so che me lo chiederà di nuovo non appena avrà iniziato a fidarsi di me.

"Ok. Abbiamo circa trenta minuti. Come ti piacerebbe passarli... Potremmo giocare, che ne dici?".

"Non voglio giocare".

"Va bene, non hai voglia di giocare. Per quanto riguarda il disegno, puoi cominciare con questo. Disegna un albero e un gatto. Io faccio il mio. Guarda lì, ci sono carta, pastelli, colori. Se hai bisogno di aiuto, chiedi a me, va bene?".

Non dice nulla.

"Capisco, non hai voglia di rispondere alle mie domande... non fa niente. Comunque io mi dedico al mio disegno", dico, seduto sul pavimento con lui. "Se hai bisogno di aiuto basta chiedere. Joe?".

Silenzio.

"Mentre io disegno e coloro, vuoi dirmi che settimana hai avuto?", insisto.

Il tempo passa nello stesso modo. Joe non dice niente, sembra intorpidito. Ogni tanto provo a fargli domande e osservazioni che non hanno risposta.

"Perfetto, Joe, ci restano solo pochi minuti, c'è qualcosa che vuoi chiedermi?". Il suono acuto di un campanello interrompe il silenzio. Mi accorgo che il tempo è scaduto.

"Questo campanello ci avvisa che sono venuti a prenderti, Joe".

Si scuote dal suo stato di zombi, si alza e cammina lentamente verso la porta.

"Ciao, Joe. Ci vediamo la settimana prossima. Sono sicuro che puoi trovare la reception da solo".

Esce silenziosamente dalla porta.

Controllo che vada nella direzione giusta. Vedo sua madre e l'addetto alla reception che sorridono, mentre lo aspettano.

Senza scambiarsi una parola, madre e figlio escono nella fredda sera di dicembre. Li guardo dalla finestra. Due fragili sagome che si allontanano sulla strada.

La sessione mi ha dato una buona opportunità di osservare il mio paziente e fare la prima valutazione del caso.

La rabbia, ovviamente, è molto evidente, così come la depressione e l'apatia. E tutto è dovuto al fatto di essere stato trascurato nella prima fase dell'infanzia.

Gli appunti che ho preso mi suggeriscono un'idea circa la sua educazione. È facile intuire che sua madre è stata vittima dello stesso trattamento. Ci sono stati episodi di violenza in famiglia e abusi. Joe soffre anche della mancanza di una guida paterna e di un modello da seguire.

La madre, è chiaro, si occupa dei bambini, ma è in grado di prestare loro abbastanza cure e affetto? Difficile dirlo, date le dimensioni e le caratteristiche della famiglia, con tre bambini da accudire, tutti molto piccoli. E senza alcun aiuto dal partner o dalla propria famiglia. I problemi di negligenza da una parte e di attaccamento dall'altra certamente hanno contribuito a creare quella situazione, nonostante lei ami molto i bambini e cerchi di proteggerli.

Potrebbero ottenere maggiori attenzioni lontani dalla madre? Probabilmente sì, se fossero fortunati. Ma ci sono altre circostanze da tenere in considerazione, molte, in effetti. Telegiornali e quotidiani sono pieni di notizie a proposito di casi di mancanza di attenzione e di abbandono a danno dei bambini. Insomma, è difficile rispondere a questa domanda.

Ho provato a immaginare la loro vita.

Cosa è successo dopo la nostra sessione? Chi ha badato agli altri bambini mentre aspettavano che la madre e Joe tornassero a casa? Il partner vive ancora con loro, e come si comporta?

I bambini possono abituarsi a qualsiasi cosa, se questo significa poter vivere con il genitore che amano. Ma quei bambini sono adeguatamente seguiti, o la madre pensa solo a se stessa e alle sue gratificazioni sessuali?

Mi chiedo sempre che cosa fa sì che i bambini, durante la terapia, abbiano il coraggio di rivelare un abuso fisico o emotivo. Confessare è difficile per loro, perché la maggior parte delle volte si ritengono colpevoli di quello che è accaduto. Quando si tratta di una famiglia con un solo genitore, con tre bambini da accudire, tutti di un padre diverso, ci si chiede se, in un simile contesto familiare, si possa godere di un'adeguata educazione morale.

Naturalmente ci sono soluzioni alternative, ad esempio affidare il bambino a dei genitori adottivi. Ma non sempre è una scelta buona per loro, che per la maggior parte preferiscono vivere con il genitore biologico.

Molti casi di affidamento hanno avuto esiti positivi. Questo vale talvolta anche quando un nuovo partner entra in una famiglia già formata, nel ruolo di nuovo genitore. Casi in cui questi riesce ad adattarsi alla famiglia acquisita, ad amarla, a prendersi cura dei figli. Ma è frequente, e non c'è da sorprendersi, che una volta che la passione sessuale sia esaurita, scompaia lasciando il partner e i piccoli in difficoltà, in condizioni peggiori di come li ha trovati.

In situazioni come questa, i minori già dovrebbero considerarsi fortunati ad avere un patrigno che non beva, non faccia abusi fisici o abbia altri comportamenti negativi.

"Dove diavolo sei stata?".

"Te l'avevo detto. C'era la prima sessione di terapia di Joe. Siamo appena tornati".

"Quattro ore è durata questa sessione di terapia!".

"Ho dovuto prenderlo a scuola, poi il treno, aspettare un'ora, ed eccoci qui".

"Sono le cinque e venti! Questi marmocchi mi stanno facendo impazzire".

"Ci siamo fermati alla stazione per un caffè, Joe voleva un gelato, non deve essere stato poi così terribile aspettare per un po'...".

"No? E invece sì. Avevo delle cose da fare. Non farlo mai più".

"Non potevi preparare qualcosa da mangiare per loro intanto?".

"È compito tuo. Non farlo mai più. Intesi?".

"D'accordo, va bene... non preoccuparti. Non è che vivi qui, per caso?".

"Che diavolo vuoi dire?".

"Be', voglio dire che se vivi con noi dovresti accettare le tue responsabilità e condividere i vantaggi".

"I vantaggi? Non vedo alcun vantaggio!", urla.

"Guarda, è stata una giornata lunga e faticosa. Sono stanca, e devo preparare da mangiare".

"Non preoccuparti, vado al pub".

"Questo è tutto! Vado al pub. Vai al pub tutte le dannate sere e torni ubriaco. Fai rumore, ci svegli e...".

"Stai zitta! Basta con le tue chiacchiere. Me ne vado". La porta si chiude con un colpo.

Alison guarda nella cucina. È un gran casino. I bambini stanno tentando di cucinare. Di fare una torta, se ci riescono. C'è farina dappertutto, uova e zucchero sul pavimento.

Il piccolo James entra e inizia a piangere. Mary se ne sta in un angolo, imbronciata.

"Che cosa ti succede, Mary?".

"Lui", dice indicando la porta. "Urlava. Tirava James per un braccio e quando ho cercato di fermarlo mi ha dato uno schiaffo".

"Ok, ora sono qui e lui se n'è andato. Prepariamo qualcosa da mangiare, va bene? Ci sono due pizze nel frigo".

Mary guarda sua madre, insofferente.

"Tornerà ubriaco, come hai detto tu, e litigherete". Ad ogni modo, si dirige verso il frigo per prendere le pizze, come le ha chiesto la madre.

Al nostro secondo incontro sono determinato a instaurare un rapporto con Joe. Cerco di immaginare diverse ipotesi. Come reagirà ai miei tentativi di spingerlo a collaborare con me? Avrà avuto abbastanza tempo per riflettere sulla sessione della settimana scorsa, e noterò qualche cambiamento nel suo comportamento? In che modo il resto della famiglia è disposto ad aiutare Joe a progredire?

Sua madre sembra contenta di accompagnare Joe in clinica ogni settimana, forse per un lungo periodo.

A volte, le sessioni si interrompono per problemi logistici oltre che psicologici. La distanza, le spese del viaggio, la frustrazione causata dall'ansia di ottenere un risultato velocemente, la gelosia, la paura da parte dei genitori, talvolta dei genitori affidatari, che temono che il figlio dica qualcosa che potrebbe danneggiarli, o perfino sottrargli i bambini, come nel caso di sospettato abuso o violenza. Sono tutte possibili cause di interruzione.

Ci sono molte cose da tenere in considerazione. Erano questi i miei pensieri, poco prima che Joe entrasse nella stanza.

Ha l'aspetto della volta scorsa. Il tempo può essere un guaritore, ma può anche peggiorare la situazione. Spero che per lui non valga quest'ultima ipotesi, in ogni caso, sono pronto a trovare il metodo giusto. L'esperienza mi ha insegnato a essere cauto e ad assecondare sempre il paziente, invece che cercare di forzare il rapporto.

Rispetto, silenzio, empatia: sono fattori importanti. Davanti a me c'è un bambino, che da nove anni ha ricevuto un po' di affetto da sua madre, ma anche una grande dose di incuria. È un essere umano speciale e ha bisogno di rispetto e onestà perché io possa intraprendere un rapporto terapeutico con lui.

Capitolo 2

"Ciao, giovanotto. Entra pure. Puoi passarmi quei libri sulla scrivania, per favore?".

Joe non risponde. Sembra triste, come nella nostra prima sessione.

Ho pensato che fosse un buon espediente per conoscerci meglio, qualcosa abbastanza facile da fare, dividere i libri tascabili da quelli rilegati. Non è difficile notare la differenza e distinguere un tipo di libro dall'altro.

"Ci vorranno solo pochi minuti. Mi passi quei libri per favore?".

Rimango sorpreso quando finalmente si muove verso i libri. Ora è lì, sta cercando di capire in che cosa sono diversi.

"Sì, Joe", lo incoraggio. "Quelli rilegati sono un po' pesanti, basta passarmene uno alla volta, per favore. Gli altri sono più leggeri e più piccoli, più facili da portare fin qui".

Non sembra affatto divertirsi, ciò nonostante cerca di svolgere quel compito, svogliatamente.

Lo incoraggio con un gesto delle mie mani. "Dai, dai, Joe, è facile...".

Sembra funzionare. Seppure con un certo sgarbo, si dedica con maggiore attenzione ai libri.

Il primo è un libro di psicologia. Ha la copertina rigida, piuttosto pesante. Lo raccoglie dal tavolo e comincia a camminare verso di me.

"Grazie, Joe", continuo a dire. "Vedo che sei forte! Prendi il libro e mettilo sugli scaffali. Quelli pesanti nei primi tre, gli altri più leggeri sopra. Ci penso io a quelli. Stai bene, Joe?", chiedo come per caso.

"Continui a chiedermi se sto bene?", urla scontroso.

"Che cosa preferiresti che ti chiedessi?".

"Non lo so!".

La classica risposta... ma almeno sta parlando.

Resto in silenzio per qualche minuto. Cerco di non mettere i ragazzi sotto pressione quando siamo nella stanza dei giochi. Subiscono abbastanza pressione a casa, a scuola, con gli altri alunni, cercando di adattarsi a tutto ciò che gli adulti chiedono loro di fare o di essere.

Nel mio caso, i progressi devono avvenire gradualmente. Dopo un lungo silenzio, domando:

"A che ora sei tornato a casa la settimana scorsa, dopo che sei stato qui?".

Gli do abbastanza tempo per rispondere, visto che è impegnato a prendere i tascabili dal tavolo.

"Erano le cinque. Eravamo in ritardo, ha detto la mamma. Bill ci ha sgridato".

Deduco che Bill è l'attuale compagno di Alison.

"Arrivare a casa alle cinque non è così tardi, no?".

"È quello che ha detto mamma, ma lui ha continuato a sgridarci. Mary e James erano arrabbiati e piangevano. Dicevano che voleva chiuderli nella camera da letto".

"Qual era il problema dunque?", chiedo.

"Cosa?", risponde, aspettando che mi spieghi meglio.

"Bill è sempre così?".

"Sì. Grida sempre, soprattutto quando è ubriaco. L'ultima volta mi ha sgridato perché non volevo andare a letto alle sette. Gli ho morso la mano".

"Che cosa ha fatto Bill quando gli hai morso la mano?".

"Mi ha preso e ha iniziato a tirarmi per un braccio".

"Cosa ha fatto tua madre?".

"Non era lì. Era dai vicini a chiedere in prestito del latte. Bill si era dimenticato di comprarlo".

"Bill si ubriaca spesso?".

"Sì, ogni notte, torna a casa molto tardi e ci sveglia".

"E cosa succede poi?".

"Fa un sacco di rumore e inizia a rompere le cose".

"Cosa dice tua madre al riguardo?".

"Cerca di fermarlo, e poi litigano ed è difficile per noi tornare a dormire".

"Bill ti ha mai fatto del male in qualche modo?".

"La mamma me lo chiede sempre, sono stufo di rispondere alle stesse domande".

"Tuttavia", continuo, "è importante sapere... Hai solo nove anni. Devi essere protetto, e anche i tuoi fratelli".

Mi ricordo di qualcosa accaduto nel mio collegio quando avevo circa undici anni, nei bagni, all'esterno dell'area giochi, vicino al campo da calcio. Tutti i ragazzi del collegio giocavamo lì, anche quelli più grandi.

Due ragazzi si spruzzavano d'acqua e ridacchiavano. Io ero lì a osservarli, curioso. Qualcuno dovette notarlo, perché fui chiamato in ufficio dal preside. Era un prete, con grandi occhi rotondi e una grossa pancia. C'era anche quello che chiamavamo il "consigliere". Era un sacerdote molto più giovane, lo chiamavamo "orso peloso". Era sempre in cerca di qualcosa che non andava e ci puniva per ogni sciocchezza.

Anche se ero molto piccolo, sapevo già di cosa si trattava. Avevano paura che i ragazzi stessero giocando in modo improprio, e ovviamente erano preoccupati. O era semplicemente un modo per alleviare la loro noia? Recitai la parte del ragazzo ingenuo, facendo finta di non sapere a cosa stavano mirando, e dissi esattamente quel che era successo.

Si stavano solo schizzando addosso dell'acqua, tutto qui. Mi credettero, perché poi non successe niente. Ricordo questo episodio per dire come i bambini sappiano molto più di quanto pensiamo noi adulti.

È ovvio che Joe sapeva esattamente cosa stava succedendo, e sono soddisfatto della sua risposta. Questo non significa che non possa essere stato abusato prima da altre persone, o persino dallo stesso uomo, o donna.

Nel caso in questione, c'è anche il problema di proteggerlo da un individuo che probabilmente è un alcolizzato e non ha alcuna capacità di fare il genitore. Può un uomo così essere un buon padre? E puoi credere a qualsiasi cosa un bambino ti dice, accettarla come vera? Un bambino prova risentimento per chiunque si frapponga tra lui e la mamma, specialmente se ha avuto una brutta esperienza in passato e ha sofferto di disattenzione nei suoi confronti e di solitudine. L'ultimo rapporto dei servizi sociali mi aiuterà a capire di più sulle dinamiche della loro famiglia.

Il nostro lavoro non è condannare o giudicare nessuno, né indagare, ma salvaguardare il benessere dei pazienti. Questo è l'aspetto fondamentale. Niente deve interferire con il bisogno del bambino di essere protetto.

L'esercizio con i libri va piuttosto bene. È passata più di mezz'ora e sul tavolo rimangono solo quattro libri da prendere.

"Ho paura di non avere più spazio sugli scaffali. Qualche idea su cosa farne?".

"Non lo so!", risponde, tornando alla sua apatia.

"Te lo dico io allora... per il momento li lasceremo lì, finché non sapremo dove metterli", continuo. "Mancano ancora venti minuti, Joe. Come ti piacerebbe impiegare questo tempo?".

Indico la sabbiera. E una grande scatola piena di oggetti e simboli disegnati.

"Ai ragazzi e alle ragazze piace giocare più con quelli che con i giocattoli".

Data la disposizione mentale di Joe, ho pensato che possa trovare quell'attività più interessante.

"Joe, ti mostro il mio oggetto preferito in questa scatola, posso?", chiedo.

Nessuna risposta. Ma mi accorgo che è interessato. Continuo ad aprire la scatola.

Dentro c'è una quantità enorme di cose adatte a incuriosire bambini e adolescenti che hanno bisogno di trasmettere un messaggio significativo.

Penso che forse è un esercizio troppo avanzato per lui, e sto per passare ad altro quando Joe tira fuori dalla scatola un lucchetto, con una rotella per la combinazione e un nome, forgiato al centro in grandi lettere maiuscole.

È un grosso, pesante lucchetto metallico. Joe osserva ogni singolo particolare, la parte anteriore, la parte posteriore, i lati, gli angoli. Se lo porta persino vicino all'orecchio mentre lo gira, nel caso emettesse un clic o un altro rumore.

Sono davvero sorpreso e incuriosito dalla sua esplorazione ravvicinata del cerchio nero dei numeri.

Comincia a giocherellarci. Lo guarda da vicino, lo gira e lo rigira.

I bambini, di solito giocano con il lucchetto per circa quindici o venti minuti, cercando di trovare la combinazione e aprirlo. Inevitabilmente si sentono frustrati e mi chiedono di dirgli i numeri. Rispondo sempre che non conosco la combinazione, ed è la verità, non la ricordo, è per questo che non lo uso, è l'unica ragione per cui è in quella scatola.

Non ha senso mentire ai bambini perché lo percepiscono immediatamente. Il lucchetto ha quasi vent'anni. Apparteneva alla mia bicicletta. Sarebbe impossibile trovarne uno uguale, ci ho provato, credetemi, ma non ne esistono più. E comunque, è bene che nessuno conosca la combinazione, lo manterrà un oggetto interessante e utile.

Qualche anno fa mi sono occupato di una bambina che aveva seri problemi di disturbo da deficit di attenzione e iperattività, o ADHD. Il che significa che non importa quello che le dicevi, non ti avrebbe ascoltato o prestato attenzione. Aveva anche un problema con le persone che pensava avessero autorità su di lei, vale a dire quasi tutti: insegnanti, badanti, genitori, persone dei servizi sociali, lo psicologo e così via.

Stare in questa stanza con lei era più che una tortura, era quasi insostenibile. Passava da un'attività all'altra in pochi secondi.

Ero giunto a un punto critico, ero disperato, e stavo meditando di gettare la spugna e affidarla a una donna, a una psicologa, nel caso avesse un problema di rapporto con le persone dell'altro sesso.

Un giorno notò che in un angolo della stanza tenevo una tastiera elettrica e all'improvviso uscì dalla sua indifferenza provocatoria. Solo per infastidirmi ulteriormente, mi chiese se poteva provarla. Caddi dalle nuvole, non ci potevo credere. Ero sollevato dall'idea che avesse trovato finalmente qualcosa da fare. Cominciò a buttare giù le note con furia e cantò, sì, cantò.

Andò avanti tutto il tempo, suonando, martellando i poveri tasti. Avevo paura che rompesse lo strumento, ma in fondo non mi importava. Ero contento che ci fosse qualcosa che le piaceva fare.

Anche se il suono e le parole erano indecifrabili, avevano un fascino particolare e originale. Il suono sembrava provenire da antichi archetipi. Mi resi subito conto conto che aveva talento per la musica e il canto.

Il suo background era fatto di privazioni e incuria. Sua madre era stata una tossicodipendente che aveva lottato per uscire dalla schiavitù della droga. Sfortunatamente, era morta di overdose qualche anno prima. Vivevano in un ambiente squallido. Nel suo passato, c'erano stati problemi sociali e psicologici.

La ragazzina aveva dodici anni. Di tanto in tanto le veniva concesso di andare a casa per una settimana e stare con suo padre. In quelle occasioni, tutto quello che faceva era unirsi a una banda di amici poco raccomandabili e vagare per strada, mettendosi nei guai.

A suo padre non importava nulla di lei. Aveva anche avuto problemi con la polizia. Per questo la ragazzina era stata sistemata in un istituto dove si prendevano cura di lei.

In quello stesso anno, poco prima che la incontrassi, tutti i bambini erano stati portati in Scozia per una settimana di vacanza. Il suo assistente mi disse che aveva passato tutta la settimana sola e triste, arrabbiata con il mondo, a lamentarsi di tutto e di tutti.

Cercai di insegnarle alcune note, ma lei non mi dette mai ascolto, o meglio, non aveva la capacità di ascoltare e concentrarsi sulle mie istruzioni. Dopo pochi secondi, riprendeva a colpire la tastiera nella stessa maniera.

Un giorno, prima che arrivasse, riflettei che non me la sentivo di ascoltare ancora la sua musica e così staccai lo strumento, con l'intenzione di dirle che era fuori uso.

Appena entrata nella stanza, andò direttamente al piano, raggiante di gioia. Mi sentivo un po' in colpa per averle tolto lo strumento del piacere, ma resistetti e le dissi che l'avrei rimesso a posto per la prossima sessione.

Non mi credette. Fece tutti i tentativi possibili per tentare di suonare, ma senza risultato. Infine provò a staccare e riattaccare la spina e allora si accorse che era fuori dalla presa. Mi guardò rabbiosa. Poi urlò infuriata.

"Siete tutti uguali, non c'è da stupirsi che non mi fidi di voi! Siete tutti bugiardi".

In quell'esatto momento, mi resi conto che, facendo quella cosa stupida, mi ero infilato dritto dritto nel punto che lei stava cercando di dimostrare. Alla fine poté mettermi insieme con tutti gli altri: con tutti i bugiardi di questo mondo.

Capii molto di lei quel giorno. Ancora oggi non mi sento affatto orgoglioso di quel piccolo stratagemma. C'è un limite da rispettare.

Inutile dire che continuò a battere i tasti allo stesso modo per molte altre sessioni. Vennero però stabilite delle regole: i primi venti minuti erano dedicati alla musica, la seconda parte era utilizzata per disegnare, parlare o per qualsiasi altra cosa avesse voglia di fare.

Attraverso quello strumento, furono raggiunti dei bei progressi a scuola, nelle relazioni con gli altri alunni e con gli insegnanti, e a casa.

Ricevetti delle informazioni molto positive, prima che venisse trasferita in un'altra scuola, lontano da dove abitavo, perché aveva compiuto sedici anni.

Mi piace pensare che abbia continuato a suonare il piano e a migliorare grazie alla musica. Forse qualcuno le insegnerà come comporre, perché aveva sicuramente un talento da scoprire e coltivare e quando suonava, era una persona diversa. Era felice, fiduciosa e libera.

Quando giunge l'ora di andare a casa, Joe sta ancora armeggiando con la serratura. Non ha parlato granché nel frattempo, tuttavia ho avuto di nuovo l'opportunità di osservarlo.

È un ragazzino molto determinato. La sua indagine sul lucchetto è metodica e

strategica. Ha provato ad aprirlo non solo
ruotando i quadranti, ma anche ascoltando
il tic della combinazione e mettendo il
lucchetto in posizioni diverse. Il movimento
della sua mano attorno al quadrante è
vario. Prova a dare un giro veloce, poi uno
lento, poi uno inverso e così via.

Capitolo 3

La settimana dopo, mentre sto lavorando in clinica, ricevo una telefonata dal servizio di assistenza sociale che si occupa del caso di Joe. Mi informano che Joe è stato messo in tutela temporanea e non può venire in terapia per il momento.

Questa è una delle cose che possono accadere quando si tratta di bambini e che ogni terapeuta teme, perché le sessioni vengono messe in attesa e non sai mai quando vedrai di nuovo il tuo paziente. È fastidioso quando succede, ma non puoi farci niente, devi rassegnarti all'idea che il tuo paziente potrebbe essere tornato al punto di partenza quando lo rivedrai, se lo rivedrai.

Cerco solo di immaginare come deve sentirsi Joe. È questa la preoccupazione principale, e tutti dovrebbero averla: i sentimenti del bambino, ecco cos'è che conta di più.

Dalle note relative a Joe avevo capito che non gli piaceva stare con genitori adottivi. Anche dalle informazioni del servizio sociale è stato facile comprendere che ha assistito a una lite tra sua madre e il suo compagno.

È ammalato? È stato ferito? Che cosa ha visto? Come si sente adesso? Riuscirà a tornare a una vita normale dopo questi fatti, o sarà lasciato in mani poco affidabili? Difficile dirlo, quando vengono coinvolti i servizi sociali o la polizia. D'altra parte, la madre e il compagno sono in grado di badare a tre figli?

Ho affrontato molti casi come questo. So che le cose vanno avanti fino a quando non succede qualcosa di molto serio, e allora i figli vengono portati via dai loro genitori biologici.

È facile farsi un'idea del futuro di un ragazzo come Joe, abituato a sentirsi trascurato e rifiutato, e alla violenza. Alcuni si abituano a qualsiasi cosa, pur di avere una sorta di vita familiare.

Tutto questo mi sta passando per la mente quando ricevo un'altra chiamata. È Bill, il compagno di Alison. Vuole fissare un appuntamento per parlare con me. Mi chiede se sarebbe possibile.

Devo ammettere che rimango sorpreso della sua richiesta e dal motivo che lo ha spinto a contattarmi. Sembra molto preoccupato e sincero.

Fisso un appuntamento per il giorno dopo, durante la mia pausa pranzo. Quando metto giù il telefono un sacco di domande mi girano per la testa. Qual è il vero motivo della visita? Accuse, sensi di colpa, autodifesa?

Decido che la migliore linea di azione da parte mia sarà di ascoltare quello che ha da dire e poi trarne le mie conclusioni.

Quando Bill arriva, sto lavorando al computer. Lo faccio spesso, poco prima della pausa pranzo, perché non mi piace prendere appunti durante le sessioni con i pazienti. Riduce l'attenzione, e io invece voglio dedicarla interamente a loro.

Non appena vedo Bill, rimango sorpreso dal suo aspetto. Non è affatto come avevo immaginato: un uomo sulla quarantina, rovinato dall'alcol e dalla droga.

Davanti a me c'è un uomo sui trent'anni, ben vestito, curato ed educato.

È la prova che a volte non ti puoi fidare della tua immaginazione, o delle ipotesi troppo pessimistiche riguardo alle persone, al loro aspetto, alla loro personalità e ai loro atteggiamenti.

Dopo le presentazioni, vado dritto al punto. Gli chiedo come posso essergli di aiuto.

È ovvio che la visita riguarda Joe e le questioni che insorgono quando i bambini sono affidati in cura a un istituto, una volta che il sistema giudiziario si mette in moto. Al momento non sono a conoscenza di alcuna misura giudiziaria emessa contro Bill.

La sua voce è pacata, i suoi modi sono educati e decisi. Ho imparato a non trarre conclusioni troppo affrettate sulle persone, quando si tratta di giovani. Genitori, affidatari, badanti, patrigni, matrigne possono trasformarsi in altrettanti Mr Hyde se gli fa comodo, ciò nonostante decido di dare a quest'uomo una possibilità.

"Mi preoccupo di Joe e dei fratelli. A loro non piace essere separati e spediti a dei genitori adottivi".

Il mio istinto sarebbe quello di rispondere: "Forse tu e la tua partner avreste dovuto pensarci prima di tutto quello che è successo", ma sono determinato ad attenermi al piano stabilito e lo incoraggio a continuare.

"Non è stato assolutamente nulla di grave, solo una discussione. È quella vicina ficcanaso... ha chiamato la polizia. Mi odia e non so perché".

"Bill, il problema è che quando succede qualcosa di simile, intervengono la polizia e il servizio sociale".

"Lo so, ma mi chiedo se può fare qualcosa per aiutarci".

"Cioè?", rispondo, fissandolo.

"Qualcosa per tornare alla normalità. Joe stava migliorando molto, venendo da lei. Ma ora, che cosa accadrà?".

"Apprezzo la sua preoccupazione, Bill, ma penso che tutto quello che io possa fare è aspettare che chi di dovere stabilisca quale sia il miglior programma da seguire per Joe. Continuerò a essere aggiornato sulla sua salute, ma nei limiti delle informazioni che vorranno fornirmi. Ad Alison verranno date più informazioni, e forse le sarà permesso di andare a trovarlo".

"Ah, è questo il problema, non so se voglio avere a che fare con Alison, almeno non prima che le cose tornino a posto. Mi sta bombardando di telefonate, messaggi, dice che vuole vedermi, stare di nuovo insieme... Non lo so".

"Mi sembra di capire che contro di lei, Bill, non è stato emesso nessun provvedimento dal tribunale, né dalla polizia".

"No... hanno detto che è una disputa familiare, dobbiamo risolverla da soli".

"Non è poi così male. Quindi, che cosa deve succedere perché voi due torniate insieme ed evitiate ulteriori problemi ai bambini?".

"Un cambio di atteggiamento da parte sua", risponde Bill prontamente.

Lo guardo perplesso e lo invito a spiegarsi meglio.

"Alison ha avuto molti problemi con i suoi ex partner, e sottolineo seri. Erano violenti con lei e con i bambini. Uno di loro si comportava veramente male. Alison è consapevole di questo. Ma non siamo tutti uguali, no? A me importa davvero di quei bambini, anche se loro sono molto freddi nei miei confronti. Penso sia colpa di Alison, che li istiga a tenere le distanze con me. La maggior parte delle volte mi sento un estraneo in quella casa. È una cosa insopportabile, ed è il motivo per cui bevo. Ma non sono alcolizzato".

Non riesco a trattenermi, la tentazione di farlo parlare è troppo forte.

"Apprezzo quello che dice, Bill, ma la maggior parte delle persone che hanno problemi con l'alcol dice che non ha problemi con l'alcol".

"So cosa intende, ma è la verità. Continuo a bere per dimenticare tutti i problemi di quella famiglia".

È sincero.

"Cosa pensa che succederà dopo?", domando.

"Non lo so! Volevo parlarle e spiegarle che cosa sta succedendo. Non sono l'unico responsabile".

"Tutto considerato, la cosa più importante è il bene dei bambini", dico.

"Sono d'accordo. Non so se tornare insieme sia la cosa migliore per loro".

"Questa è una decisione che dovete prendere voi due, insieme. Per come sono messe le cose, non so nemmeno se lo rivedrò. Succede spesso con i minori presi in carico dai servizi sociali".

"Capisco. Vede, è un ragazzino molto intelligente. Pensavo che stessimo andando bene insieme, c'era una buona comunicazione tra di noi e poi... Ad ogni modo, penso che il problema sia iniziato molto tempo fa, quando lui aveva tre anni e Alison si è messa con un gruppo di buoni a nulla del quartiere, in particolare quello di cui ho parlato prima. Joe ha detto qualcosa al riguardo?".

Forse è sincero e si informa perché gli importa davvero di lui. Oppure sta solo cercando di difendersi e di proteggersi da ulteriori provvedimenti.

"Mi dispiace. Non dovrei chiedere". Sospira.

La conversazione sta volgendo al termine.

"Purtroppo ho un paziente tra cinque minuti", dico alzandomi dalla sedia.

Bill balza in piedi.

"Grazie per avermi ricevuto".

"Prego".

I bambini soffrono per la mancanza di affetto e di guida da parte dei genitori. In parte, l'ho sperimentato personalmente.

Mio padre era un marinaio e veniva a casa solo uno o due giorni al mese, e a volte neanche quelli. Invidiavo i miei amici che avevano un padre a casa e amavo ascoltare le storie che mi raccontavano dei loro rapporti familiari, anche quando riguardavano le punizioni che avevano subito.

Ogni tanto ripenso alle occasioni in cui mio padre era in casa con noi, con mia madre, le mie due sorelle e il mio fratello maggiore. Era un bravo narratore, mio padre, e aveva un'immaginazione vivace. Ci raccontava favole che inventava all'istante, ed erano sempre originali.

La fine era sempre un po' macabra. Ad esempio, il gigante mangiava tutti, oppure c'era un lupo gigantesco. Storie che terrorizzavano noi piccoli prima di andare a letto. Ma non era un vero spavento.

Tutti noi ragazzi correvamo nel letto grande in camera sua, con lui che ci proteggeva, prima che arrivasse mia madre e ce ne andassimo nelle nostre camere.

Era un periodo magico e mi piaceva moltissimo. Penso che quell'abilità di mio padre gli venisse da mia nonna. Era una donna gentile e adorabile. Aveva avuto nove figli e li amava tutti incondizionatamente. Non ho mai sentito mio padre parlare della sua vita familiare, ma in qualche modo mi sembrava chiaro che aveva avuto una buona educazione e molto affetto.

Ancora oggi rimpiango il fatto che non ci sia stato concesso di trascorrere più tempo con nostro padre, a causa del suo lavoro.

Con mia madre, le cose andavano in modo diverso. Non che lei non ci amasse, al contrario, ma la sua personalità le permetteva di darci un affetto sottoposto a una sorta di perenne condizione. C'era sempre qualcosa che dovevamo fare per meritarcelo. A volte era difficile, soprattutto per me che ero il figlio più giovane e sentivo di dover svolgere quel ruolo.

Diceva, in una fredda giornata invernale: "Vi lascerò per sempre. Nessuno mi ama qui!". E uscendo immediatamente di casa iniziava a camminare verso il mare, che non era poi molto lontano.

La frustrazione di essere praticamente l'unico genitore in casa e dover sopportare due ragazze esigenti a volte era quasi insostenibile per lei. Inevitabilmente, ero io quello che le correva dietro a dirle: "Non andartene, per favore!", mentre le mie sorelle non sembravano preoccuparsi, ignorandola completamente, e mio fratello il più delle volte era fuori con gli amici.

Le credevo. Ero sicuro che ci avrebbe lasciato se non l'avessi fermata. Ancora oggi mi chiedo se le cose sarebbero andate davvero così, o se lo faceva per avere la certezza che le volevamo bene.

Ero un bambino desiderato. Mia madre aveva già avuto tre figli e ne voleva disperatamente un altro, per qualche ragione che non sono mai riuscito a capire.

E così in una fredda notte di dicembre sono nato.

Erano le due di notte di un mercoledì. Per tre notti intere non smisi mai di piangere, al punto che mia madre chiese a mia nonna di buttarmi fuori dalla finestra. Questo sconvolse mia nonna, che da allora si prese cura di me.

È ovvio che mia madre non intendeva farlo sul serio. Me lo disse anni dopo, e stranamente, mi fece ridere. L'idea di me che volavo fuori dalla finestra e finivo in mare mi divertiva.

Mia madre proveniva da un ambiente agricolo. Mio nonno possedeva una fattoria non lontano da dove vivevamo. Sua madre era una minuscola signora dai penetranti occhi azzurri che si prendeva cura di cinque bambini e dava una mano nella fattoria. Mio nonno, un gentiluomo alto e magro, morì relativamente giovane e mia nonna e mia madre si assunsero tutte le responsabilità della famiglia e dei campi.

Era difficile prendersi cura di due fratelli giovani e di due sorelle. La sorella minore si sposó con un bracciante che lavorava per mio nonno quando era molto giovane. Quando ebbe ventun anni, mia madre era stanca di lavorare nella fattoria. Era dopo la guerra. Divenne infermiera e lavorò in un sanatorio, tra i malati di tubercolosi. Ci diceva spesso che vedeva così tanta miseria e morte che aveva preso la decisione di sposarsi non appena avesse trovato un marito adatto. Dovette aspettare un bel po' perché, quando si fidanzò con mio padre, aveva ventinove anni. Mio padre ne aveva trenta.

Ammiro la sua sincerità. Quando le dicevamo, spesso, che era un po' vecchia quando si era sposata, lei rispondeva sempre che non aveva mai avuto il tempo di guardarsi intorno. Inoltre, non era facile compiacerla. Più tardi nella vita, ho capito quanto ci ha amato e tutti i sacrifici che ha fatto perché crescessimo sani e istruiti. Ha aiutato molte persone in paese, e tutti la ricordano per la sua gentilezza e la sua disponibilità.

L'ambiente in cui era cresciuto mio padre era completamente diverso. Proveniva da una famiglia di imprenditori, non lontano da dove mia madre viveva, vicino al mare.

Aveva proprietà e affari in paese, e un emporio, che allora era l'unica struttura dove poter fare la spesa nella zona. Era un piccolo paese. Mio nonno possedeva dei cavalli e delle carrozze, e portava la gente dal posto dove viveva al centro principale, a circa dieci chilometri da lì.

La storia racconta che quando mio nonno incontrò mia nonna si innamorarono all'istante. Erano entrambi molto giovani.

Il padre di Sara, un ricco proprietario terriero della zona, si oppose all'unione. Seguì un lungo periodo di frustrazioni e sotterfugi. Alla fine, i due fuggirono dalla casa paterna.

Una notte, mio nonno riuscì a entrare nella casa di Sara, e il resto è storia, come diciamo noi. Il padre di Sara ne fu molto adirato e ripudiò la figlia per sempre. Non volle più vederli. E rifiutò di vedere anche i loro figli. Ma loro vissero felici per molti anni ed ebbero nove figli. Uno di loro, naturalmente, era mio padre, il più giovane della famiglia, come me. La gente in città dice che fu composta una canzone su di lei, ma io non l'ho mai sentita e non so se fosse una cosa reale o una fantasia.

Sara era una giovane donna molto bella. Mia madre diceva spesso che era una persona gentile e generosa, con un carattere dolce, come potevano rendersi conto tutti coloro che avevano la fortuna di conoscerla. Certo, non la ricordo, anche se si prese cura di me da bambino. Penso che sia morta quando avevo due o tre anni. Ci sono molte foto di lei nel vecchio album di famiglia. La bellezza e la dolcezza del suo sorriso si notano subito.

Mio nonno invece era un uomo forte, con un carattere inquieto. Ma era generoso e onesto. Mia nonna dovette esserne colpita quando si incontrarono. Tante immagini sono lì a testimoniare la differenza tra i due, tuttavia qualcosa in comune deve averli uniti, rendendoli innamorati e felici durante tutti quegli anni vissuti insieme. Mio nonno era morto quando sono nato, e anche mia nonna ci ha lasciato prematuramente.

A Joe deve essere mancato tutto questo. Non c'è da stupirsi che sia confuso. Non ha mai avuto il conforto di conoscere i suoi nonni, o un padre.

Alison è cresciuta in un orfanotrofio e poi è stata adottata. Ma la quiete era durata poco, perché aveva un carattere ribelle ed era finita di nuovo in un istituto per adolescenti.

C'è una naturale impronta biologica e psicologica in ognuno di noi, con cui quando nasciamo iniziamo a familiarizzare in modo spontaneo. Ma è un processo che non avverrà se la nostra ricerca non ha fondamenti di realtà. Nel caso di Joe, il fatto che non conosca nemmeno suo padre sta causando spiacevoli problemi di confusione e frustrazione. È come essere abbandonato sofferente nel deserto. Cosa potrebbe esserci di peggio?

Joe è stato portato via circa un mese fa, e da allora non ho ricevuto notizie dal servizio sociale, da sua madre o dai suoi genitori adottivi. Decido di chiamare io e informarmi su che cosa sta succedendo.

Capitolo 4

La donna che mi risponde al telefono non sa niente del caso di Joe. L'assistente con cui ho sempre parlato è in congedo per due settimane.

La cosa non mi fa sentire meglio, tanto meno soddisfatto. Mi prende un senso di frustrazione, ma riesco a mantenere la calma. Chiedo all'assistente di chiamarmi non appena saprà qualcosa di lui. Sono preparato a una lunga attesa... una settimana, due settimane, forse un mese. "La chiamerò prima della fine della settimana", mi dice scusandosi.

Decido di telefonare ad Alison. È assolutamente corretto farlo, perché Joe è uno dei miei pazienti, la terapia è stata interrotta improvvisamente per una causa al di fuori della nostra volontà e ho il diritto di chiedere se il mio paziente sta bene, o se non è stata presa ancora alcuna decisione.

Alison risponde subito.

Sembra stanca e demoralizzata.

"Mi dispiace, ma non posso aiutarla. Continuo a chiamarli e mi danno sempre le stesse risposte. Non mi permettono né di vederlo né di parlargli. Sono molto arrabbiata, speravo potesse aiutarmi lei. Potrei venire a parlarle?".

Mi sembra sincera e turbata.

"Sì, certo", rispondo. "Quando vorrebbe venire?".

"Prima è, meglio è", dice. Sono contento di questa risposta. Fissiamo un appuntamento.

Il giorno dopo arrivano buone notizie dal funzionario dei servizi sociali. Finalmente posso chiederle che cosa sia accaduto precisamente.

Joe voleva tornare a casa e aveva espresso il desiderio di rivedermi. Nel frattempo, era tornato al suo comportamento di prima, colpendo e rompendo gli oggetti.

I genitori adottivi erano in difficoltà e non ce la facevano più a sostenere la situazione. Avevano preso un impegno in passato con l'assistente sociale per adottare in modo temporaneo altri bambini, che sarebbero arrivati nell'istituto nei successivi dieci giorni. Joe forse sarebbe tornato verso la fine della prossima settimana e avrei potuto vederlo allora.

Obietto che è un po' troppo a breve scadenza. Le ricordo che aveva avuto molto tempo per sistemare tutto, e che cosa sarebbe successo se non l'avessi chiamata io?

"Ci creda o no, stavo per prendere il telefono e informarla di tutto", risponde.

Sì, e gli asini volano, penso con stizza.

Come al solito, le "signore" del servizio sociale credono di essere l'organismo più importante per il benessere dei bambini e si comportano di conseguenza.

Solo per farla sudare un po', le dico che cercherò di occuparmi di Joe, se possibile, nelle prossime due settimane, ma questo significa dover spostare gli appuntamenti con molti dei miei pazienti. Ad ogni modo, la metterò al corrente della mia decisione più tardi.

Di certo, voglio vederlo, anche se questo dovesse comportare rinunciare alla mia pausa pranzo. Comunque, sono soddisfatto della notizia. Finalmente ho qualcosa di positivo da dire ad Alison, quando verrà a trovarmi il giorno seguente.

Le cose non procedono mai velocemente quando hai a che fare con bambini e adolescenti. Ci sono molte cose e persone da prendere in considerazione, in particolare quando il bambino è coinvolto in un caso di disputa tra i genitori, o vi siano sospetti, negligenze, abusi e così via.

La pazienza è la capacità più importante che il terapeuta deve imparare. Avere pazienza con i burocrati però non è uno dei miei punti di forza. Mi sento frustrato e talvolta adirato, perché sono come dei robot, e non si riesce a venire a patti con il loro atteggiamento robotico.

Molti dei miei studenti non hanno ancora acquisito questa pazienza e ne subiscono le conseguenze durante le esercitazioni. Ripeto sempre loro: dovete avere pazienza, oppure scegliete un'altra professione. Sorridono e continuano a soffrire.

Dunque, ho almeno una buona notizia, seppure parziale, da riferire ad Alison. E lei, cambierà il suo stile di vita? Sceglierà un compagno giusto, finalmente? Maturerà abbastanza da prendersi cura dei suoi figli come si deve?

Lamentarsi che tutto è andato storto non serve a niente e non è un buon inizio. Conosco quel tipo di madri. Purtroppo, tendono a scegliere sempre lo stesso tipo di partner. Naturalmente, non è compito mio parlare di questo e dare dei consigli, ma rimane il fatto che i minori soffrono a causa dei loro atteggiamenti e delle loro scelte.

Spero che Alison abbia imparato la lezione, anche se devo ammettere che Bill non mi è del tutto dispiaciuto. È pur vero che è facile dare la colpa a qualcun altro o all'alcol per il tuo comportamento e poi continuare a bere e creare problemi.

Ho capito che vi sono due personalità in Alison: la madre e la donna. La donna, che desidera sesso e lussuria, e la madre, che desidera proteggere i suoi figli.

Posso anche comprendere la sua prospettiva, ma penso si debba stare molto attenti alle proprie scelte, quando si ha una famiglia da sostenere.

Che tipo di uomo penserebbe di avere una relazione a lungo termine con una donna del genere?, deve avere la forza di scegliere: occuparsi dei bambini o obbedire ai suoi impulsi. E non è una scelta facile per lei.

Alison sapeva già che Joe stava per tornare a casa. L'assistente sociale l'aveva chiamata il giorno prima e le aveva dato la notizia. Come si sentiva al riguardo?

"Felicissima", risponde. Ma quando li avrebbero lasciati in pace?, aggiunge.

Le rammento che se i bambini erano stati presi in custodia non era colpa delle autorità, ma di lei e del suo compagno.

"Com'è la situazione con Bill adesso?", domando. "Tutto tranquillo? La prossima volta quelli dei servizi sociali potrebbero richiedere un'ordinanza del tribunale e portare via i bambini per sempre", la avviso.

"Lei da che parte sta?", mi dice con rabbia.

"Dalla parte di Joe", rispondo sicuro, "ovviamente".

"Non ne sono certa", ribatte, "credo che voialtri siate tutti uniti".

Sto attento a non perdere la pazienza. "Io non sono un'istituzione, sono un professionista sopra le parti. Le sto dicendo questo perché ho affrontato molti casi simili, so come vanno a finire queste cose se non ci si comporta come si deve. È mio dovere avvertirvi delle conseguenze, così che poi non ve la prendiate con nessuno".

Si calma, dice che le dispiace per lo sfogo. Non è facile occuparsi di tre bambini e cercare di avere una vita allo stesso tempo, si lamenta.

"Come va con Bill? Lei sa che si preoccupa per Joe ed è venuto a parlarmi?".

"Va come prima", risponde bruscamente. "Siamo in contatto, ma non abbiamo ancora deciso nulla. Ha promesso un sacco di volte di smettere di bere, di trovare un lavoro e prendersi cura dei bambini, ma non succede mai. Sta bene per due o tre settimane e poi ricomincia a bere".

"È successo qualcosa a Joe in presenza di Bill, in casa, o di qualcun altro?", domando.

"Intende con un altro dei miei uomini? So cosa sta pensando".

"Io non sono qui per giudicare", puntualizzo prontamente. "Penso al bene di Joe".

Dopo un lungo silenzio, Alison riprende: "Sospettavo che il mio compagno precedente si comportasse in modo improprio. Era un uomo violento, ma non ho mai avuto le prove. Non posso accusare nessuno se non ne sono sicura, e i bambini si sono sempre rifiutati di rispondere alle mie domande".

"Sta dicendo che sospettava qualcosa? Su che cosa erano basati i suoi sospetti?".

"Sul comportamento dei bambini. Hanno iniziato a chiudersi in camera e non volevano rimanere soli con lui. Forse avevano semplicemente paura di lui, tutto qui. Comunque aveva una brutta influenza su di loro. Fu allora che cominciai a chiedermi se non stesse succedendo qualcosa. Magari era solo il fatto che li sgridasse di continuo, ma non mi piaceva neanche questo! Dopodiché non li ho mai lasciati con nessun altro. Ma questo significava non poter più lavorare".

"Quanto tempo fa è successo?", le chiedo.

"Circa tre anni fa. Da quel momento il comportamento di Joe è sempre peggiorato".

"Come reagivano i bambini quando faceva loro tutte quelle domande?".

Riflette qualche istante prima di rispondere. "In modo strano, immagino. Rimanevano in silenzio. pensavo che cercassero di proteggere qualcuno o qualcosa. Non mi hanno mai risposto in maniera precisa. Quando uscivo per fare la spesa o per qualche altra faccenda li portavo con me, se lui era in casa".

Devi avere prove più forti di queste per accusare qualcuno, rifletto. Forse quell'uomo non le piaceva per altre ragioni. Può darsi che il suo compagno se ne stesse sulla difensiva, e questo creasse una falsa impressione in un genitore già preoccupato, soprattutto perché consapevole dei propri difetti.

Non siamo investigatori o poliziotti. Il nostro compito è ascoltare e aiutare i bambini a far fronte a qualsiasi cosa li sconvolga o li metta a disagio, e proteggerli in ogni modo possibile da eventuali abusi. Ma non possiamo giudicare o accusare nessuno, senza prima ascoltare i nostri piccoli interlocutori. Solo dopo possiamo arrivare alle conclusioni.

Alison sembra essersi calmata. Ha capito che mi preme solo il bene di suo figlio, e che intendo completare il corso della terapia.

È felice che stia per tornare. Non vede l'ora di ritrovarsi con lui. Ma cambierà davvero il suo stile di vita? Rinuncerà alla sua vita disordinata? Una donna dai forti principi e con una mentalità positiva lo farebbe. Sacrificherebbe qualsiasi cosa per il bene dei propri bambini.

Conoscendola, comprendo che non è una donna del genere. Ama i suoi figli, sì, ma questo non le impedirà di coinvolgersi con uomini alcolizzati, se non dediti alla droga o nel giro della prostituzione.

Tutto considerato, spero che Bill torni a vivere con loro. Almeno lui non gli avrebbe fatto del male.

Alison deve andare ora. Le dico che può tornare ogni volta che lo desidera. Le auguro di abbracciare presto Joe e di essere felice con lui e con tutti gli altri.

Capitolo 5

Quando Joe torna, due settimane dopo la conversazione con l'assistente, non dice una parola. Va direttamente alla scatola, getta tutti i giocattoli in un mucchio sul pavimento e comincia a cercarne qualcuno.

"Ciao, Joe, che piacere rivederti! Come stai?".

Non risponde, ma continua a cercare in mezzo ai giocattoli. Vuole trovare la famosa serratura?

"Se mi dici che cosa stai cercando, potrei aiutarti". Nessuna risposta. Continua a guardare nel mucchio.

"Mi chiedevo quando saresti tornato, è passato molto tempo. Un mese e mezzo? Forse due?".

Non ha risposto alle mie domande, ma mi ha dato uno sguardo. La prendo come una risposta positiva. È contento di essere qui.

"Allora, Joe, cosa hai fatto in tutto questo tempo? Possiamo parlare mentre stai giocando, o giocare mentre stai parlando", scherzo senza aspettarmi una risposta.

"I tuoi libri sono ancora sul tavolo", dice, "non hai fatto niente in tutto questo tempo".

"Hai ragione", dico, "sono stato molto pigro da quando te ne sei andato. Bene, ora sei qui, possiamo continuare a lavorare insieme".

Smette di cercare, mi guarda dritto negli occhi: "Dov'eri quando avevo bisogno di te?".

Sono molto sorpreso della sfida che mi lancia. Per un momento non so come rispondere. Rifletto sulla mia prossima mossa. Potrebbe essere decisiva per instaurare o per spezzare il nostro rapporto. È chiaro, non gli piace stare con i genitori adottivi e ci accusa di avere provocato quella situazione.

"Bene Joe, speravo che tornassi prima, ma non è successo, come sai. Mi dispiace che tu abbia dovuto sopportare tutto questo, vorrei aver potuto fare qualcosa ".

"Blah, blah, blah", mi prende in giro, "sei come gli altri, parole, parole, parole".

Non ho intenzione di lasciarlo andare via con queste ultime osservazioni.

"Cosa avresti fatto al posto mio?".

Non risponde, continua a giocare. Decido di lasciargli fare quello che vuole. La terapia era stata interrotta troppo a lungo. Ristabilire la fiducia tra noi richiede tempo e fatica. Si sente deluso, è evidente. Devo aspettare che sia pronto e abbia voglia di interagire di nuovo con me.

Ora sta giocando con gli animali della fattoria. Li sta disponendo tutti in una lunga fila. In testa c'è il cavallo, seguito da una mucca, una pecora, un maiale, una gallina, un'altra pecora, un cane e un maiale molto piccolo, in fondo.

"I tuoi animali sembrano andare tutti in una direzione".

"Sì, lo so. Vanno verso il mare".

"Stanno andando al mare. Il cavallo è davanti a tutti", dico.

"Il cavallo li sta guidando", precisa serio.

"Dovranno percorrere una lunga strada?", riprendo.

"Non so. La mamma ci portò al mare l'anno scorso, siamo andati in pullman".

"Capisco, sei andato in pullman in riva al mare".

Nel mucchio di giocattoli trova un vecchio bus. Lo posiziona accanto agli animali. "È così che siamo andati", conferma.

"Siete andati tutti insieme al mare, tu, tua sorella, tuo fratello, tua madre e Bill".

"No, lui non è venuto. La mamma non gli ha detto che andavamo", dice bruscamente.

"Capisco, Bill non lo sapeva".

"Sì, non lo sapeva. Era arrabbiato quando siamo tornati, hanno iniziato a litigare".

"Tua madre non ha detto a Bill che andavate al mare, e quando siete tornati, Bill era arrabbiato, per questo ha litigato con tua madre".

"Sì, è quello che è successo. Il cavallo ora è cattivo, guarda", dice, mostrandomi il cavallo che sta galoppando via dal gruppo.

"Sta cercando di scappare. Perché?".

"Succede ogni volta. Gli impedirò di scappare. Guarda!". Lega le gambe del cavallo con un pezzo di spago che trova nella scatola.

"Già". Capisco quello che sta facendo. "Il cavallo non può andarsene adesso. Le sue gambe sono immobilizzate. Mi chiedo come si sente".

Il resto del gruppo ora è sparso sul pavimento, la fila perfetta è stata scomposta dal cavallo. Non c'è più un ordine né una direzione. Glielo faccio notare, ma non risponde. Si limita a guardare gli animali, poi si alza in piedi, come per andarsene.

"Posso andare in bagno?", piagnucola.

"Certo. Sai dov'è. E quando torni, sarà ora di andare a casa".

Mentre Joe è in bagno, dispongo gli animali in cerchio, così da dare un'immagine di tranquillità.

Quando Joe torna, fingo di giocare con la famiglia degli animali.

"Guarda!", faccio. "Sono tutti contenti di stare insieme, no?".

Lui non dice niente, rimane in piedi a guardare gli animali.

"Joe, cosa pensi debba succedere per rendere la famiglia così felice?".

Nessuna parola. Con un rapido gesto delle mani distrugge il cerchio e si dirige verso l'ingresso, dove sua madre lo sta aspettando.

Mi lascia lì, a riflettere su come è andata la sessione. Joe sta migliorando in qualche modo? Sono in grado di sfidarlo fino a ottenere un risultato? Questo non smetto mai di chiedermelo.

Lavorare con i ragazzi è molto più difficile che lavorare con gli adulti, perché i progressi sono lenti e non c'è nulla che possa aiutarti a scoprire il loro stato clinico.

Ti riporta alla tua infanzia, con tutta la passione, i dolori e le esperienze di quegli anni.

Dopo quella sessione, mi viene spontaneo tornare indietro a quando avevo l'età di Joe. A un episodio, in particolare.

Era una gita in campagna, alla fattoria, dove era nata mia madre. Quando arrivammo, nel tardo pomeriggio di una calda giornata estiva, eravamo stanchi e affamati.

Le persone che vivevano nella fattoria erano parenti lontani di mio nonno e della sua famiglia. C'erano madre e figlio, il padre era assente. La donna era alta e magra, sui quarant'anni, con gli occhi scuri e i capelli neri. Era piuttosto gentile, ma sicuramente non si sprecò per farci sentire a casa, nonostante anche noi fossimo legittimi proprietari della fattoria.

Riflettendoci oggi, penso che tutte le cose erano state studiate e preparate da loro perché andassero a proprio vantaggio. Non mi sentivo granché a mio agio lì e volevo tornare subito a casa.

Il figlio, era un ragazzo magro con la carnagione chiara e i capelli rossi. Era molto timido e non pronunciò una parola. Era presente anche mia zia, la moglie del fratello maggiore di mia madre. Pensai che si trattasse di un incontro organizzato per discutere della vendita della fattoria.

Mia madre non disse nulla, ma se era quella la ragione, perché il capofamiglia non era lì a discutere con loro?

Mia zia, era educata e gentile, ma fredda come un cubetto di ghiaccio. Figlia unica di una famiglia del posto, aveva sposato mio zio, e sembravano abbastanza felici insieme. Era magra e pallida, sempre sorridente, ma in qualche modo quel sorriso non andava da nessuna parte. Parlava sempre in un modo impersonale anche con noi bambini. Era evidente che fosse una donna forte di carattere, il vero capo della famiglia.

Avevano due figlie, due ragazze bionde con un sorriso dolce, molto somiglianti alla madre, mentre mio zio era un uomo di poche parole, di bell'aspetto ma taciturno, e un po' riservato. Mia madre ha sempre avuto un debole per lui. Lo preferiva all'altro fratello che, a mio avviso, era l'uomo più premuroso e gentile che abbia mai conosciuto in vita mia. La provocavo, dicendole che il fratello maggiore, quello che lei preferiva, non era mai venuto a trovarla, né aveva cercato di mettersi in contatto con lei, mentre il fratello minore veniva a trovarci ogni mese per vedere come stavamo, se avevamo bisogno di qualcosa, o per chiedere se volevo andare a stare con loro per un mese o due. Lei non mi ha mai spiegato il motivo di quella preferenza, ad esempio, se dipendeva da qualcosa che era successo quando erano giovani e vivevano nella loro casa.

Una piccola famiglia quella di mia madre! Il fratello minore aveva un figlio che aveva la mia stessa età ed era per me come un fratello.

Quella notte dovemmo rimanere là, perché era troppo tardi per tornare a casa, e non avevano avuto nemmeno il tempo di discutere di quello per cui si erano incontrati.

Temevo il mattino dopo, ma in realtà non andò così male come immaginavo. Mio cugino mi portò a vedere il terreno intorno alla fattoria. Fui colpito dalla bellezza del posto. Si estendeva in campi e boschi, e c'era perfino un ruscello. Il caldo sole estivo lo rendeva quasi magico. Anche la casa era bella e comoda, con diverse camere da letto e un sacco di spazio. Mio nonno doveva essere stato un grand'uomo per permettersi quella proprietà, pensai qualche anno dopo. Non che mia madre abbia mai detto nulla al riguardo. Poteva essere decisamente testarda, se non voleva parlare di qualcosa, e io ero troppo giovane per essere consapevole di quello che stava succedendo.

I bambini non sono informati su tutti i fatti della vita. Lo capii più tardi, quando fui in grado di raccogliere informazioni da tutta la famiglia. Gli adulti non considerano che i figli saranno influenzati dalle loro scelte, dalle loro decisioni e dai loro errori. Detto questo, devo aggiungere che ho amato e amo ancora i miei genitori, e sono contento che non fossero avidi o ingiusti verso nessuno.

Purtroppo con il passare degli anni la famiglia si divide e la vita prende il suo corso. È una separazione naturale e necessaria.

Mia madre non parlò più della faccenda, e alla fine ci dimenticammo della terra e della fattoria. Ripensandoci, sento che seguire mio padre e rinunciare al proprio lavoro, alla sua casa, deve essere stato come rinunciare alla sua identità. Negli anni Quaranta non era facile andare a vivere in un nuovo ambiente. Era come rimanere un'estranea. C'è voluto molto tempo prima che venisse accettata. So che ha sofferto molto per questo.

Quella sera partimmo senza aver concluso nulla. Se c'era stato un motivo per andare là, non si era giunti a niente. Ce ne andammo in silenzio.

C'è stato un miglioramento nel comportamento di Joe. Ha reagito alle mie sollecitazioni, è stato attivo, e so che non vede l'ora di tornare. Il tempo trascorso con i genitori adottivi ha rallentato un po' il processo, ma non tanto quanto pensavo.

C'è stato un cambiamento anche nel suo aspetto fisico. Un bambino della sua età tende a crescere rapidamente, anche un mese può fare differenza, e lui sta diventando più forte e più sicuro di sé.

Sembra più maturo e comprensivo verso gli altri della famiglia. Sono ansioso di proseguire i nostri incontri, e spero che lo stesso valga per lui.

Capitolo 6

Ma all'appuntamento successivo nessuno si fa vivo. La mia segretaria telefona a casa di Joe, ma nessuno risponde. Deve essere successo qualcosa.

Avere a che fare con la sua famiglia non è semplice. Se fosse malato, qualcuno ci avrebbe avvertito, come avviene sempre. Spero non siano intervenuti per qualcosa che è accaduto in famiglia.

Chiedo alla segretaria di chiamare la scuola che Joe frequenta, per domandare se sanno qualcosa di lui e quando è l'ultima volta che l'hanno visto.

Come al solito, l'istituto si mostra collaborativo. Hanno visto Joe tre giorni prima. Hanno anche cercato di mettersi in contatto con la madre, ma senza ricevere risposta. Non hanno avuto notizie dal servizio sociale, o dalla polizia, quindi hanno ritenuto che si trattasse probabilmente di un problema di famiglia. Peccato sia successo quando Joe stava mostrando un vero miglioramento, dice la direttrice. I rapporti con gli altri alunni e con l'insegnante erano piuttosto buoni, a parte qualche episodio di tanto in tanto.

Sono sollevato da queste informazioni, ma allo stesso tempo temo che possa essere successo qualcosa di grave, perché questo avrebbe ricacciato Joe al punto di partenza.

Formulo alcune ipotesi: un viaggio al mare? Bill ha creato qualche problema?

La settimana seguente, un giorno prima dell'appuntamento con Joe, il servizio sociale mi avvisa che sarebbe venuto alla sessione. C'è stata una valutazione e una consultazione con la famiglia riguardo al ritorno di Bill a casa. Si era discusso della situazione e sembravano non esserci problemi al riguardo. Perfino i bambini non si erano opposti, forse perché Alison voleva che tornasse.

Bill aveva promesso di non bere più, di partecipare agli incontri dell'anonima alcolisti e così via. Storie simili le ho sentite mille volte, e nella maggior parte dei casi rimanevano parole, nel giro di una settimana il diretto interessato era di nuovo al pub.

La buona notizia è che Joe sta bene e vuole tornare da me. Questo mi conforta, perché con i bambini può essere molto difficile ristabilire un rapporto anche dopo una breve pausa. Reagiscono in modi diversi, imprevedibili. Del resto, è naturale che di tanto in tanto le cose non vadano come si vorrebbe.

Rifletto sui cambiamenti nella sua vita. Più che un cambiamento, sembra essere tornato alla situazione precedente. Come si sente di fronte alla prospettiva che Bill ritorni a casa e nella loro vita?

Quando era venuto a parlare con me, Bill mi era sembrato sincero, un tipo decente, ma poi si sa che le persone tendono a mentire per ottenere quello che vogliono. Ammettiamolo pure, non ci sono buoni rapporti fra di loro. Joe soffre la sua presenza. È infastidito dai suoi modi, dalla sua abitudine a bere. E ora eccolo di nuovo lì con loro. Devono esserci molte apprensioni e sentimenti negativi.

D'altra parte, i bambini, lo so, possono cambiare rapidamente, se viene data loro l'occasione giusta. In questo caso, sanno che Alison ama Bill e desidera che torni. A tale proposito, mi chiedo se Alison sia pronta ad accoglierlo nella vita familiare, a fidarsi di lui nei rapporti con i suoi figli e dargli l'opportunità di avvicinarsi a loro. Certo, come puoi fidarti di qualcuno che beve?

Sono tutte domande che mi faccio spontaneamente, da buon terapeuta, in attesa del prossimo incontro.

Joe sorride. È di buon umore.
Va dritto alla scatola dei giocattoli. "Dov'è il lucchetto?".

“Oh, pensavo che lo avessi dimenticato. Vuoi sapere dov'è?”.

“Sì. È quello che ho detto”.

“Bene. Era lì l'ultima volta che l'ho visto”.

“Chi ci ha giocato?”.

“Ogni bambino che viene qui ci gioca due o tre volte”.

Fruga freneticamente tra i simboli. Finalmente lo trova.

“Evviva!”, esclama.

“Evviva! L'hai trovato. Bravo!”.

Mi guarda con aria interrogativa e sentenziosa.

“Non era così difficile. Non come trovare la combinazione”.

“Be', non lo so”, dico, “a volte dev'essere come un incubo guardare in quella scatola, è tutto così ingarbugliato”.

“Sì...”, dice, già all'opera. “Un po' di ordine ci starebbe bene”.

“È vero”, ammetto, “un po' di ordine aiuterebbe. Chi lo dice Joe, tua madre?”.

“Mia madre... lei non sa cosa sia l'ordine. Mia nonna lo diceva sempre quando veniva trovarci”.

“Che cos'è successo, non viene più a adesso?”.

“No... è morta tre anni fa”, dice con tristezza.

“Mi dispiace, Joe”.

Lo lascio darsi da fare con l'oggetto e affrontare il dolore di ciò che ha appena detto, in silenzio, per alcuni minuti.

"Certamente ti mancherà la tua nonnina! Che cosa è successo?".

Non mi risponde.

Si stanca di armeggiare con il lucchetto. Lo butta da una parte e prende una gallina dalla scatola degli animali della fattoria. "È una gallina", annuncia.

"Sì, lo è", confermo.

"È gentile e premurosa. C'è un animale nella fattoria al quale lei non piace, come questo".

C'è un cane vicino alla gallina.

"Lo vedo. Il cane non è contento della gallina?".

"La gallina ama essere libera. Il cane vuole un po' di ordine, di controllo".

"Mi chiedo perché", dico.

Ora sta facendo correre il cane intorno al tappeto in una frenetica alternanza di salti e soste.

"Controllo, controllo, controllo", ripete.

Tira fuori dalla scatola un altro giocattolo. Inizia a metterli insieme.

"Stai facendo un piccolo gruppo di animali?", domando.

Non dice nulla, così insisto. "Una famiglia?".

"Zitto", sibila, "non è una famiglia. Questo è il dinosauro a due teste... noi, tutti abbiamo paura di lui".

"Tutti hanno paura del dinosauro?".

"Sì".

Non posso fermarmi adesso.

“Cos'è che spaventa tutti?”.

“Saresti spaventato anche tu se vedessi un dinosauro!”.

“Suppongo di sì. Ma non è probabile che ne veda uno, vero?”.

“Chi lo sa”, risponde, quasi mettendolo sopra il gruppo di animali.

“Sembrano conoscerlo e non averne paura”, continuo.

“Ce l'avranno tra un minuto, quando andranno a letto”.

“Allora, il dinosauro li spaventa quando sono a letto?”.

“Sì, è così”.

“Mi chiedo se stiano dormendo quando arriva il dinosauro e li spaventa”.

“A volte dormono, a volte non dormono, perché hanno paura del dinosauro”.

“Arriva nei loro sogni per spaventarli?”, domando.

“Non lo so”. Sembra sincero. “Forse”, dice infine.

Il brusio della mia receptionist mi informa che la madre di Joe è arrivata e lo sta aspettando.

“Lo so”, dice come se mi avesse letto nel pensiero, “è ora di andare”.

Mi ha lasciato con quel mistero da risolvere. Il dinosauro viene da loro di notte, quando sono a letto, e li spaventa. E la serratura? Se ne è semplicemente dimenticato.

I bambini sognano cose spaventose e immaginano che stiano accadendo nella vita reale, ma devo anche considerare che il dinosauro potrebbe essere una persona, un avvenimento, un'azione, qualsiasi cosa che possa provocare apprensione in un bambino già disturbato. Poi c'è il cane, di solito un animale amichevole e fedele. Il cane era lì per proteggerli dal dinosauro?

A volte, con i bambini, non risolverai mai il mistero, fa tutto parte di un quadro più ampio. Spesso si tengono dentro di sé la soluzione e, nello stesso tempo, risolvono da soli i problemi. Quasi stessero dicendo: sei qui per aiutarmi, ma non ho intenzione di dirti tutto di me, infatti, lo terrò per me. Comunque, mi sei utile, e so che stai solo facendo delle ipotesi.

Non è un problema per noi, a patto che alla fine sia vantaggioso per il paziente. Dopo tutto, siamo qui per aiutare a risolvere i loro problemi, e se questo significa frustrazione per il terapeuta, be', pazienza, bisogna sopportare.

Volevo veramente capirlo, essere in grado di aiutarlo in ogni modo possibile. Si possono fare tutte le congetture e le ipotesi che si vuole, ma alla fine ciò che conta e il risultato.

Joe sta facendo molti progressi. Il rapporto della scuola dice che è migliorato così tanto, che non ha nemmeno bisogno di una supervisione durante l'orario scolastico.

È a suo agio con i compagni, e anche se a volte gli piace stare da solo, da molto tempo non litiga con gli altri alunni. Ne sono molto contento. Ma quello che mi interessa più di ogni altra cosa, è come sta Joe dentro, non come appare all'esterno.

Sta arrivando la primavera. Mi chiedo per quanto tempo proseguiremo la terapia, e se nel frattempo non interverrà qualcosa a disturbarla.

È naturale che le questioni che entrano in gioco ci rimandino alla nostra vita, in particolare a quella durante l'infanzia. Il "transfert" è utile. Riflettere su come tu ti comportavi quando eri bambino. Sono abituato a farlo, mi aiuta, a volte. In generale, lo metto in chiaro: i piccoli pazienti non sono miei figli, non sono il padre. L'importante per me è offrire loro la possibilità e la forza di cambiare e migliorare.

Tutto questo mi riporta a quando avevo quattro anni e mia madre mi faceva andare all'asilo delle suore. Odiavo quel posto. Quella volta piansi tutta la mattina, ma come al solito mia madre non mi ascoltò nemmeno, aveva deciso che dovevo andarci.

Stare seduto con la testa su un banco per due ore mi faceva venire i brividi, e il minestrone che ti davano, con due o tre rigatoni che nuotavano in un brodo che somigliava all'acqua per lavare i piatti, mi disgustava. E poi, le suore non erano gentili, sembravano sempre arrabbiate. Mai una carezza, una parola buona, un sorriso. Erano gentili solo quando arrivavi con tua madre, poi si trasformavano in aguzzine.

Mia madre mi aveva preso la mano e mi stava trascinando con tutte le sue forze verso il convento.

Anche a quell'età, ricordo, ero abbastanza forte e determinato a fare a modo mio. C'era un lungo muro sulla strada verso quel posto, sotto il muro un burrone, e poi la strada e il mare. Stava cercando di spaventarmi, spingendomi verso il burrone, nello stesso tempo stringendomi forte. Cominciai a colpirla in testa con il cestino della merenda, con forza. All'improvviso, l'angolo di plastica della confezione la colpì sulla fronte che iniziò a sanguinare.

Allora mi tirò indietro e camminammo rapidamente e con rabbia verso casa. Non mi parlò per tre o quattro giorni. Non provò più a portarmi al convento dopo quel giorno.

Il comportamento dei genitori si rifletterà puntualmente sui bambini. Essere genitori è un lavoro difficile e impegnativo. Siamo tutti esseri umani e possiamo commettere degli errori. Per questo dovremmo sempre riflettere bene prima di adottare un modello o fare qualcosa che può ferire un bambino.

Personalmente, non ho mai smesso di analizzare il comportamento di mia madre, anche quando ero molto giovane. Forse perché ero il più piccolo, ed ero l'unico che le credeva ogni volta che lei diceva che stava per lasciarci, e la rincorrevo supplicandola di non andarsene via. Non ha mai spiegato perché facesse così. Come se ne fosse dimenticata. Avrei dovuto chiederglielo, una volta o l'altra, ma ho seppellito il tutto nel mio inconscio e non è mai venuto in superficie prima d'ora. È per questo che adesso ne sto scrivendo?

Capitolo 7

Quando rivedo Joe, capisco che è successo qualcosa. È più nervoso del solito e affiora il vecchio comportamento distruttivo.

Non è molto collaborativo, vuole solo sbattersi sul pavimento fingendo di dormire. Se dico qualcosa, non risponde, o geme come un animale e finge di avere un attacco.

Lo lascio stare per un po' prima di fargli qualche domanda. La fiducia l'abbiamo instaurata poche sedute prima, quindi mi sento sicuro al riguardo.

"Joe, penso che ti sia successo qualcosa durante questa settimana. Mi interessa sapere che cosa, puoi dirmelo, per favore?".

Dopo un lungo silenzio, risponde: "Non c'è niente da dire".

"Bene", insisto, "a volte ci sentiamo tutti così, ed è bello e utile parlarne. Sai, puoi dirmi qualsiasi cosa, qualunque cosa sia accaduta. Ti ricordi le regole che abbiamo stabilito la prima volta che ci siamo visti?".

"Sì, sì, mi ricordo", dice.

Alla fine, dopo mezz'ora, è tornato in sé e sembra disposto a collaborare.

"Posso disegnare?".

"Certo". Gli do carta e colori, che tengo sempre a portata di mano.

"Ecco qui... puoi cominciare quando vuoi".

Disegna rapidamente. È molto concentrato. Un'aula e dei banchi con gli alunni seduti. Un disegno piuttosto elementare, considerando la sua età. Un ragazzo è seminascosto sotto il banco, mentre quello seduto accanto ride beffardamente e punta un dito verso di lui.

È facile da interpretare. In classe è successo qualcosa e non vuole parlarne. I bambini possono essere crudeli l'uno con l'altro. Il bullismo è molto diffuso, specialmente in una scuola per bambini che hanno difficoltà di apprendimento.

"Capisco", dico, "può succedere a tutti di bagnarsi a scuola. Vuoi parlare di quello che è successo, Jo?".

"No, non voglio parlarne".

Non insisto su quel punto, però continuo a fare qualche domanda.

"Cos'altro è successo, Joe, la settimana scorsa?".

Mi dice, nel suo modo confuso, che qualcuno è entrato in camera da letto, per cercare qualcosa sotto il tappeto e in ogni angolo della stanza. Aveva molte braccia, e improvvisamente era scomparso. Lo aveva detto a sua madre, ma lei non gli aveva creduto.

Il tempo passa velocemente. È il momento di concludere la sessione, che è stata molto fruttuosa. Joe mi ha detto delle cose importanti, ho un bel po' di materiale su cui lavorare. Ad esempio, l'uomo in camera, e la convinzione che nessuno creda alla sua storia. Trovare qualcosa sotto il tappeto. L'inizio di un senso di orgoglio.

Il sé crescente.

L'appuntamento successivo viene cancellato dal servizio sociale. C'è una novità importante. Bill, il compagno di Alison, è stato stato trovato morto fuori dal pub. C'è un'indagine in corso, mi comunicano che mi daranno più informazioni in seguito.

Temo che ci sarà una lunga interruzione nella terapia di Joe.

Alison mi telefona il giorno dopo e mi informa anche lei della tragedia. È molto turbata. Joe non potrà venire da me per un po', mi avvisa.

Come consulente psicologo, mi trovo spesso in una situazione del genere: il genitore o i genitori sono consapevoli che il terapista e già stato informato dal servizio sociale o dalla polizia, Sono preoccupati delle conseguenze sul minore e stanno attenti a non lasciar trapelare informaioni che potrebbero rivelarsi dannose in qualche modo. E così capita che, quando hai pensato di stare per raggiungere il bersaglio, tutto il lavoro torni al punto di partenza, senza una spiegazione o un motivo, o peggio. Potrebbe essere interrotto per motivi di salute, dai genitori, dal servizio sociale o, come in questo caso, dalla polizia. Ad ogni modo, è troppo presto per saltare alle conclusioni.

Dopo tutto, c'è un'indagine in corso. Meglio non avere troppo a che fare con la polizia o il servizio sociale. Per un motivo o per l'altro, quando cerchi di interferire con loro ne esci sempre male. Come succede con le questioni burocratiche, una volta che la procedura è innescata, e i documenti passano da una scrivania all'altra, è molto difficile fermarla.

Joe cominciava a mostrare dei progressi. Certo, ci sono ancora tante cose da affrontare. Ad esempio, la mancanza di concentrazione, che si riscontra spesso nei bambini trascurati dai genitori o in adozione nei primi anni della loro vita. Oppure la rabbia ancora presente nella sua psiche e che un minimo di delusione basta a fare esplodere. O la difficoltà a instaurare relazioni durature con gli altri bambini. E c'è da migliorare la sua memoria, che è breve e confusa.

Sono tanti i pensieri e le ipotesi che il terapeuta analizza. E le domande.

Qual è il significato della serratura? Il sé bloccato, scoprire, conoscere persone, uscire dalla prigione, ribellarsi. Da che cosa?

Azioni, archetipi, emozioni, sentimenti di inadeguatezza, gestione della rabbia, scoperta della verità.

Mi aveva detto una volta: "Scoprirò di me, di te, delle persone".

Scoprire che cosa?

Chi è l'uomo che cerca cose nascoste sotto il tappeto? È reale o è una fantasia?

Il sotto-tappeto è il suo subconscio che chiede di emergere e liberarsi dalla prigionia?

È l'anima chiusa!

Sarebbe impossibile paragonare il caso di Joe a quello di altri ragazzi e ragazze, come Gemma, per esempio. Ogni caso è diverso dall'altro, unico, proprio come siamo noi esseri umani.

Per poter progredire, è quasi necessario perdere il senso di se stessi e concentrarsi completamente sulle persone che cerchi di aiutare.

Connettersi e disconnettersi è qualcosa che ognuno di noi, donna o uomo, fa. Il terapeuta, lo psicologo molto esperto riesce a farlo in relazione al momento. Questo non significa che non sia concentrato sul caso, al contrario. Se non facesse così, non potrebbe far fronte a tutti i pazienti, ciascuno con i suoi problemi e le sue peculiari situazioni.

In un mondo ideale, ognuno riceve un'educazione felice e salutare da parte di genitori modello. Ma la realtà ci mostra che non è sempre così.

Il divorzio, ad esempio, non aiuta, così come tanti altri fattori: la tossicodipendenza, la prostituzione, l'AIDS, il cambiamento dello stile di vita, la violenza, gli abusi, solo per menzionarne alcuni. Sono tutte cause che rendono la vita familiare disturbata e difficile, se non impossibile, per coloro che vi sono coinvolti.

Nel caso di Joe, c'era una situazione di negligenza, di mancanza di mezzi, e ora perfino un omicidio! Spero solo che quest'ultimo evento non interferisca nel nostro rapporto.

La scarsa quantità di informazioni in merito mi fa pensare che tutte le parti in causa non vogliano dare troppa evidenza all'episodio, ora che Joe stava migliorando. Tutti rimangono in attesa di ulteriori sviluppi.

Un mese dopo, sono di nuovo con lui nella stanza dei giochi.

"Voglio giocare con la sabbiera!", ordina non appena entra.

"Sei mio ospite, sai dov'è", annuisco.

Va a prendere a prendere la scatola dei giocattoli e la posiziona lì vicino. Si siede sul pavimento, io mi siedo accanto a lui, osservando ogni suo movimento. Tira fuori dalla scatola il lucchetto e altri giocattoli: animali della fattoria, soldatini e automobiline.

"Hai una bella varietà di persone, animali e giocattoli!", dico.

"Sì", conferma lui, "animali, persone, macchine e soldati", risponde, tirandone fuori uno. "Prima la serratura", annuncia. E con un rapido movimento delle mani la seppellisce nella sabbia.

"Ecco fatto!", urla soddisfatto. Continua a premere la sabbia, per assicurarsi che il lucchetto non venga fuori.

"Vedo che hai sepolto il lucchetto". Mostro sorpresa.

"Sì. Ho seppellito la combinazione", mi corregge.

"Pensavo volessi risolverla".

"Sì. Ma per ora l'ho seppellita", risponde.

"Lo vedo. Vuoi ancora trovare gli ultimi due numeri?".

Non dice nulla. Inizia a mettere sotto la sabbia alcuni animali della fattoria, un'auto rossa e un soldato. Anch'io resto in silenzio. Non voglio interromperlo. Qualsiasi cosa stia facendo, è evidente che sta cercando di tirar fuori qualcosa da sé, e sembra che funzioni.

Il fatto che abbia nascosto il lucchetto mi fa riflettere. Cerco di capire che cosa significhi, simbolicamente. Dopo sessioni e sessioni in cui ha cercato di decifrare i due numeri finali, lo ha buttato via, cercando di cancellarlo per sempre.

Ha detto "per ora", ma diceva sul serio? Forse è stufo di giocarci, o ha capito che è difficile risolvere il problema della combinazione ed è troppo orgoglioso per ammetterlo. Probabilmente sta cercando d'imbrogliare se stesso e me. Sarebbe l'occasione giusta per sfidarlo, ma decido di aspettare e vedere come va a finire. Sono qui per registrare i risultati delle sue azioni.

Continua a giocare con la sabbiera. Di tanto in tanto mi rivolge qualche parola.

"Ho sepolto il soldato", urla di nuovo. "Devo assicurarmi che non esca più!".

Colpisce la sabbia con i pugni, come per colpire duramente il soldato lì sotto.

"Stai facendo in modo che non esca più?".

"Sì, sto facendo proprio questo", risponde prontamente. Sembra irritato.

Sento che è il momento adatto per chiedergli di nuovo dell'uomo nella sua camera. O era solo un'allucinazione?

"Che cosa vuole, e perché continua a entrare nella tua stanza la notte?", domando. "Dunque, cerca qualcosa sotto il tappeto. Che cosa?".

"Non lo so!", risponde. "L'altra notte non si è messo a cercare. Si è seduto sul letto a guardarmi e poi è saltato in aria ed è scomparso".

"Che aspetto ha?".

"Non lo so. Non ha una faccia, è tutto scuro, nero, e ha più di due braccia".

Una specie di gigantesca piovra, penso tra me. La descrizione dell'uomo sta diventando più precisa, ma anche più surreale.

Sono abbastanza sollevato, perché pare essere un sogno, un incubo, l'immaginazione di qualcosa di alieno, di spaventoso ed eccitante allo stesso tempo. Probabilmente l'immagine di un video gioco o di un film dell'orrore che non avrebbe dovuto guardare.

Ma deve esserci un legame tra quell'immagine e la sua psiche. I bambini non inventano storie casualmente, c'è sempre una ragione.

"Ha più di due braccia, ma non sai esattamente quante. È questo che intendi, Jo?".

Mi guarda con un'espressione incerta negli occhi.

"Troppo buio per vederlo bene", risponde. "Non ha le ali, ma può volare".

Penso a quanto ricordo di fantastico nella mia infanzia. La fatina che arriva in volo, tutta vestita di blu con grandi ali, in un'incredibile aura nebbiosa. In questo caso, la figura è l'opposto: scura, nera, senza ali, niente affatto rassicurante, al contrario, inquietante. Figure nere possono simboleggiare la morte e l'oscurità.

Fa tutto parte della fenomenologia della nostra vita. Per la maggior parte del tempo siamo consapevoli della nostra situazione e tendiamo a tenere i piedi saldamente a terra. A volte invece ci lasciamo andare all'immaginazione, dove tutto può accadere.

I bambini sono più inclini a provare tutto questo. In un certo senso, ci ricordano che la fantasia esiste ancora nella nostra mente. È un po' come gli scheletri che ho visto danzare sul cassettone della biancheria, sotto la finestra della mia camera da letto, quando ero bambino. Il ricordo è ancora vivido, mi accompagnerà per sempre. E non ho mai potuto dire se la scena fosse accaduta davvero. Era un sogno o altro?

A volte è bello ricordare la nostra infanzia. Ci aiuta a realizzare che siamo ancora in grado di perderci in un viaggio fantastico. E ci farebbe capire meglio i nostri figli, se solo li ascoltassimo, o ci prendessimo il tempo di farlo.

"Come ti sei sentito dopo, Joe?".

Mi accorgo che è una domanda a cui è difficile rispondere. Mi guarda intensamente e poi dice: "All'inizio spaventato e poi sollevato".

"Sollevato?". Sono sorpreso dalla sua risposta.

"Sì", continua, "non ero più spaventato, ero contento che avesse fatto così".

Sono un po' confuso dalla sua risposta.

"Joe, solo per essere sicuro di cosa intendi, ti sei sentito prima spaventato e poi sollevato, perché non avevi più paura. È così?".

"Sì", esclama. "Come se ormai lo conoscessi, come se mi fossi abituato a lui".

Joe sta interiorizzando l'emozione con quell'immagine? Forse sta intraprendendo il processo per sbarazzarsi di lui. In ogni caso, non è una regressione, ma un progresso.

"È una cosa buona, Joe, non avere più paura. Ma non sei curioso di sapere chi è veramente?".

Mi sorprende dicendo: "Continuerò a giocare con la sabbiera. Seppellisco quel brutto dinosauro con tutto il resto e arrivederci!", annuncia soddisfatto.

"Be', hai seppellito tutto stamani. Ti faccio una domanda che faccio alla maggior parte dei ragazzi che vengono qui. Se volessi salvare uno degli oggetti che hai seppellito, persone, o animali, quale sceglieresti?".

Mi guarda pensieroso. Poi, con un movimento rapido, quasi frenetico, estrae dalla sabbia un oggetto.

Intravedo prima il lato metallico, scintillante, poi il quadrante nero della combinazione.

Sì, è proprio il vecchio lucchetto. Sono felice della scelta. Mostra una grande determinazione, non comune nei ragazzi della sua età. Un senso di padronanza e diligenza.

Il tempo della sessione è scaduto. C'è ancora da lavorare, ma abbiamo fatto molta strada. La strada davanti a noi è lunga, tuttavia possiamo percorrerla con un barlume di speranza.

I bambini spesso abbandonano le cose velocemente, specialmente se sono difficili o noiose. Possono iniziare un'attività e poi passare immediatamente alla successiva, dimenticando completamente quella precedente. Joe non è così, è determinato a finire il lavoro che ha iniziato, anche se presenta difficoltà non comuni. Con il suo atteggiamento, mi sta dimostrando orgoglio e diligenza, e voglia di riuscire.

La sua sicurezza, la sua autostima sono migliorate, di pari passo con il suo rapporto con la famiglia e la scuola. Ci sono degli aspetti della sua personalità che richiedono ancora attenzione, ma il progresso è innegabile.

Capitolo 8

Alison vuole parlarmi. Il prima possibile, dice.

È passato molto tempo dall'ultima volta e sono curioso di sentire cosa ha da dirmi.

Quando ci incontriamo, si scusa per non essere potuta venire prima.

"Sono accadute molte cose e non volevo rendere la situazione più complicata, per Joe e per lei".

Ha parlato tutto d'un fiato.

"Si starà chiedendo le ragioni di tutto questo e vorrei metterla al corrente".

Le chiedo di spiegarsi meglio.

Sembra meno giovane di quanto ricordassi, e più inquieta. Dice che ha paura che qualcuno la stia seguendo.

"Sono così felice per Joe. Le sarò eternamente grata.".

"Siamo ancora all'inizio", puntualizzo. Non voglio illuderla. Joe potrebbe cambiare all'improvviso".

"Ora è il ragazzo che ho sempre desiderato che fosse. È come un ometto in famiglia. Non posso crederci!".

La guardo cercando di provare tutta la compassione che posso per la donna che probabilmente è la causa dei problemi del figlio.

"Joe è sempre stato così", riesco a dire nel modo più gentile possibile.

Improvvisamente si fa triste e pensierosa. "Siamo tutti confusi. Bill assassinato? Non riesco ancora a crederci". Piange. "L'avevo visto poche ora prima, sembrava sobrio, rilassato. Certo, non vedeva l'ora di andare al pub, come sempre, ma non per spacciare droga. No, quello non era Bill! Si è mischiato con gente poco raccomandabile. Qualche delinquente che frequenta quel bar. Abitiamo in quella casa popolare, come possiamo evitarli? Anche a me è stato proposto diverse volte di vendere roba o di prostituirmi. Ho sempre detto ai miei figli di stare attenti e di non parlare con nessuno nel nostro palazzo. Bill non mi ha mai ascoltato, l'ho avvertito molte volte. Lui era così, non ascoltava i buoni consigli... e ora guarda cosa è successo!".

Sono sorpreso. "Mi dispiace", dico. "Sono un po' confuso. Che cosa è successo dopo?".

"Pensavo lo sapesse già. Credevo che Joe le avesse raccontato tutto. Dopo l'omicidio di Bill, la polizia è venuta più volte nel nostro appartamento in cerca di droga, o di qualsiasi cosa che avesse a che fare con Bill. Non ci hanno detto niente, sono entrati e hanno fatto tutto quello che volevano. I bambini si sono spaventati e io ho informato i servizi sociali. Non sono più in grado di gestire la situazione. Bill e io ci siamo visti a malapena negli ultimi due mesi, anche se sospetto che sia venuto nel nostro appartamento due o tre volte di notte. Joe mi ha raccontato una strana storia di qualcuno che è entrato nella sua camera da letto. Non sono mai andata al bar a bere con lui, è sempre andato da solo e, a quanto pare, è lì che ha incontrato quelle persone che gli hanno dato la roba da vendere. La polizia, mi ha detto che la cosa deve essere andata avanti per un po' di tempo. Era ben nota alla centrale e così hanno iniziato a tenere d'occhio il pub e a seguire Bill, lo hanno sorpreso mentre vendeva la roba. Così dicono, ma non gli credo! Bill non era così. La mia opinione è che Bill si sia rifiutato di fare quello che gli avevano chiesto e allora lo hanno ucciso perché temevano che informasse la polizia e facesse i loro nomi".

Tutto quel racconto, con le sue rivelazioni, mi lascia attonito.

"Grazie per avermelo detto, Alison. Ero completamente all'oscuro di tutto quello che stava accadendo. Come sa, non sono un poliziotto e di solito non entro in questo genere di cose. Come la pensa al riguardo? Mi sembra che sia una questione molto difficile da affrontare", dico cercando di mostrarmi il più comprensivo possibile.

"Al momento, sto cercando di fare il meglio che posso, ma temo che le persone che hanno ucciso Bill mi conoscano e che, in qualche modo, pensino che anch'io sia coinvolta in tutto questo. Sono stata seguita e minacciata. Pensano che stia nascondendo qualcosa che appartiene a loro e sono venuti a cercarla nel nostro appartamento. Sono sicura che qualcuno mi abbia seguita anche oggi, venendo qui".

Mi viene in mente l'uomo nella camera di Joe, che cerca sotto il tappeto.

"Capisco. Può essere pericoloso, Meglio non sottovalutare. Che cosa ha fatto intanto?".

"Che cosa posso fare? Andare alla polizia? Ricominceranno tutto da capo e penseranno che anch'io sia coinvolta. Sono sicura che già ne siano convinti. C'è ben poco che possa fare".

Forse sta diventando un po' paranoica, con tutto ciò quello che sta succedendo.

"Alison, ha attraversato un momento molto difficile, è naturale sentirsi insicuri e minacciati".

La sua confessione mi ha turbato. Non c'è niente di peggio della paura, non importa se di qualcosa di reale o di immaginario. La paura può ferire fisicamente e rendere la vita una miseria. Non c'è nulla che possa dirle per farla stare meglio. Dopo tutto, per quel che ne so, le sue paure possono essere fondate.

Quando se ne va, un'ora dopo, sembra sollevata e calma. Ha scaricato tutto su di me e, ovviamente, si si sente meglio. E io sono contento di sapere più dettagli su cosa è successo. Le informazioni di Joe si erano rivelate vere, ma non ero a conoscenza di tutta la storia. Sembrava più complicata di quanto avessi immaginato. La polizia avrebbe continuato a indagare, quando c'è di mezzo la droga, è naturale che voglia scoprire molto di più sullo spaccio nel quartiere e nei dintorni. Per di più, la zona di case popolari dove Alison abita ha una brutta fama per la presenza di criminalità, prostituzione e spaccio di droga.

All'incontro successivo, Joe appare tranquillo, felice e rilassato. Vuole giocare con gli acquarelli. Lo osservo attentamente, cogliendo ogni opportunità per interagire con lui. Il disegno di oggi raffigura tutta la famiglia, fratello, sorella, madre e nonna collegati tra loro in modo diverso. Alcuni sono uniti da linee nette, altri da punti. Alla fine l'immagine assume la forma di un cerchio con un grande spazio nero rotondo nel mezzo, che in qualche modo sembra rovinare la composizione e non avere alcuna connessione con il cerchio esterno.

"Cos'è il punto nero nel mezzo Joe?".

"È l'assassino", dice senza battere ciglio. "È lui!".

"L'assassino di Bill?".

"Chi altro?".

"Immagino ti faccia pensare a chi è stato veramente", domando, sperando di ottenere altre informazioni. "Non capita tutti i giorni un omicidio vicino a te!".

Si acciglia.

"Sì, doveva succedere proprio a noi".

Continuo a pensare che sia più turbato di quanto mostri.

"Cosa pensi che sia successo?". insisto. "Bill deve aver conosciuto molte persone nel palazzo. Che ne dici di lasciare che la polizia e le indagini risolvano il mistero?".

"Io so solo quello che è successo".

"Ok, Joe, ma concentriamoci su di te. Come ti senti oggi?".

Non sembra disposto a seguirmi su quella strada.

"Oggi giocherò con il mio lucchetto".

La sua risposta sprezzante non mi piace.

Gli domando: "A proposito del lucchetto, volevo sapere se hai fatto qualche progresso".

Mi fissa per qualche istante prima di rispondere: "Bene, va bene. Due numeri da trovare come ho già detto. Perché?".

"Nessun problema, volevo solo sapere se potevo aiutarti".

"Vuoi dire che conosci la combinazione?".

"No, mi dispiace, non la conosco. Quali sono i due numeri che hai già trovato?".

Ripete i numeri che conoscevo già. Ho controllato i numeri della serratura nuova nel mio diario, mentre lui era impegnato a lavorare. Con mia sorpresa, scopro che sono gli stessi. Se sarà necessario, rifletto, posso rivelare tutta la combinazione.

"Questa è una buona notizia, Joe. Ce l'hai quasi fatta. Ci sono solo due numeri da trovare".

"Sì, e non voglio nessun aiuto, grazie mille".

"Non ti voglio aiutare, mi piacerebbe solo che la trovassi in fretta, così potremo concentrarci su altre cose".

Mi guarda senza dire una parola. Già sapevo che avrebbe continuato a fare quel che voleva.

Chiudiamo la sessione un po' più tardi del solito. Joe butta tutto nella scatola velocemente e se ne va senza dire nulla. Rimango a riflettere su come è andata. Mi sembra di aver capito che ci siano nuove prove sull'assassinio di Bill. E riguardo a Joe, non sta cercando di trovare i numeri della serratura, ma se stesso, tra le cose della sua vita e nella sua mente. Avverte un nuovo senso di legame familiare, che è naturale in un periodo di crisi. Stranamente, non c'è paura nel suo comportamento, ed è un risultato molto positivo. Mi preoccupa solo che si senta coinvolto nel crimine che è stato commesso e stia tentando di risolverlo. D'altra parte, non è insolito per i bambini fantasticare sui delitti, soprattutto se riguardano loro e la propria famiglia.

Quando ci rivediamo, Joe è molto loquace. Mi dice che sono andati al mare per il fine settimana.

"Chi ti ci ha portato?", domando.

"L'amico di Bill, Ted, ci ha portato lui. È il nuovo amico di mamma".

Al solito, Alison sta ripetendo lo stesso errore. Faccio finta di niente.

"È fantastico! Mi racconti? Per favore, mi piacerebbe saperne di più".

Mi parla di tutti i giochi e di tutto quello che hanno fatto insieme. Ovviamente, non mi aspetto l'elenco completo, specialmente da uno come lui che passa facilmente da una cosa all'altra tralasciandone qualcuna, non mi aspetto insomma un quadro completo.

"Qualcuno ha chiesto a Ted se sapeva qualcosa di Bill?".

Non risponde. Me l'aspettavo. Cambio argomento.

"Tra poco è primavera. Che cosa facciamo oggi?".

"Voglio giocare, giocare, giocare".

"Non è una cattiva idea. Puoi giocare con quello che vuoi, come sempre. Cosa ti piacerebbe fare?".

"C'è qualcosa che abbiamo fatto e che vorrei fare di nuovo. Era qualcosa sul futuro, la sfera magica. Dov'è?".

Una delle cose più importanti, durante la terapia, è incoraggiare il bambino nel gioco che gli piace fare. Sembra poco, ma ci sono voluti mesi di lavoro con Joe per arrivare a questo punto. Anche la scelta di un gioco può essere molto difficile, per qualcuno che è stato psicologicamente trascurato e privato delle cose più importanti, fondamentali per una crescita sana.

Si riferisce a un disegno che abbiamo fatto insieme qualche mese fa. Un semplice disegno di tre sfere di cristallo, equivalenti a tre desideri per il futuro.

"Ottimo. Vado a cercarlo", dico.

Lo trovo nella cartella in cui tengo le sue cose.

"Eccolo". Gli passo il disegno. Lo prende senza dire grazie. "Tre desideri per il futuro".

Esplora la scatola per trovare i colori che intende usare, ce ne sono molti, pennarelli, matite, pastelli... Inizia a disegnare nella prima sfera.

"Questa è la casa in cui voglio abitare nel futuro", dice. "È una casa grande, con un giardino davanti al mare. Ci sono cinque camere da letto al piano superiore e un'area giochi sotto il tetto, dove tutti possiamo andare durante l'inverno. In estate possiamo giocare sulla spiaggia. Il giardino è pieno di fiori e ci sono molte finestre con vista sul mare. C'è una grande sala da pranzo, dove mamma cucina e tutti noi aiutiamo a preparare la cena. Lavoriamo tutti in giardino e c'è un uomo che ci aiuta. Non beve, e siamo tutti felici. Non ci sono rumori di notte e nessuno entra in casa perché è la nostra. Di giorno andiamo a giocare sulla sabbia e nuotiamo insieme".

È un disegno molto elementare. Joe non è granché a disegnare. Ma con un po' di fantasia riesco a seguire la storia.

"Bellissimo". Lo incoraggio a continuare. Si sofferma alcuni minuti sulla sfera e poi inizia a disegnare il secondo desiderio. Ci sono degli strani scarabocchi di matita nera qua e là, che collego ai suoi oscuri momenti di isolamento. Disegna una croce su ciascuno di quelli, per cancellarli. Mi sento sollevato quando mi dice che se ne erano andati. È uno stratagemma perché non tornino. La terza sfera è astratta, un insieme di scarabocchi, punti, linee e macchie. Impossibile da interpretare. Ad ogni modo, in generale, è sempre meglio non farlo. La darà lui, quando sarà pronto a farlo. Al limite, si può dargli qualche incoraggiamento, se necessario. Mi sembra di riconoscere un angolo della stanza in cui facciamo la terapia, ma è tutto confuso, tra scarabocchi e macchie. Aspetto la sua spiegazione. Sono un po' preoccupato, mi spiacerebbe se alla fine della sessione rimanesse in sospeso un elemento così importante. Tuttavia, aspetto paziente e alla fine vengo ricompensato.

"Questo riguarda me e te e la stanza dei giochi".

Mi concentro al massimo, cerco di non perdermi niente di quanto sta dicendo.

"Questa macchia in un angolo sono io quando sono entrato per la prima volta qui. È buio e minaccioso".

Queste informazioni sono preziose. Dunque ha percepito la sessione come qualcosa di minaccioso, anche se tutto è stato fatto per sembrare caldo e amichevole. L'ambiente lo ha impressionato come tenebroso e cupo, quando vi si è trovato per la prima volta.

Esprimere le proprie emozioni non è mai facile, soprattutto a quell'età. Joe lo sta facendo molto bene e questo testimonia i suoi progressi. Per il momento non voglio mettergli altra pressione addosso.

Sono soddisfatto dei risultati. Certo, ci sono altri problemi da affrontare. A cominciare dall'assassinio di Bill e le conseguenti grane con la polizia e il servizio sociale, alla ricerca di prove per separarlo dalla famiglia. Tutto quello che sta accadendo non può che produrre conseguenze importanti.

Lavorando a casi che vedevano coinvolte vittime di crimini, e relative indagini, ho imparato molto sulle reazioni delle famiglie.

I bambini ne soffrono molto. Tendono a interiorizzare il problema, e la maggior parte delle volte a incolpare se stessi, anche quando il loro ruolo nell'accaduto è minimo. Del resto, i crimini commessi in famiglia, o a questa legati, sono più comuni di quanto pensiamo.

Capitolo 9

Ricordo di avere avuto a che fare con un caso molto simile, in cui vi erano coinvolti un ragazzo e un omicidio. Una donna che viveva vicino al ragazzo era stata assassinata. Lui non conosceva i particolari, ma sapeva che qualcuno era stato ucciso lì accanto. Il ragazzo era amico del figlio della donna, ed era così spaventato che rifiutava di andare a scuola e non riusciva a dormire da solo, e non partecipava quasi più a niente. Era divenuto silenzioso e aveva un comportamento irrazionale. Per molto tempo, dopo quel delitto, aveva avuto attacchi di panico, esperienze paranoiche e traumatiche.

Sono consapevole che durante i mesi estivi ci sarà una pausa nella terapia di Joe. Ci sono le vacanze estive, i bambini hanno bisogno di allontanarsi per un po' dalla città, e per quelli che non hanno le necessarie risorse economiche vi sono comunque soluzioni come i campi di vacanza e altre istituzioni. Ma abbiamo ancora tempo per continuare il nostro lavoro e sto preparando Joe ad affrontare quell'interruzione. Non voglio che venga vanificato tutto quanto è stato fatto. Dopo l'ultima seduta, abbiamo raggiunto un punto culminante della terapia, ma non siamo fuori dal buio, per così dire.

La notizia che un uomo è stato arrestato per l'omicidio di Bill mi giunge dai notiziari locali. Non posso fare a meno di chiedermi come Joe prenderà la notizia. Lo destabilizzerà ulteriormente? Porterà caos e paura? Oppure sarà un sollievo? Alison sarà stata certamente scossa. Spero in modo positivo, dato che il colpevole è stato arrestato. Il suo stato di paranoia terminerà e questo si rifletterà in modo positivo sui ragazzi. Ma è troppo presto per tirare delle conclusioni, rifletto. Al prossimo incontro avrò un'idea più chiara dello stato mentale di Joe dopo quest'ultimo evento.

Il giorno prima, ricevo una telefonata da Alison. Mi dice che Joe non può venire questa settimana. Le chiedo il motivo e lei risponde che dipende dal servizio sociale.
"Può spiegarsi meglio?", domando.
Non è mia abitudine indagare in questioni private, o che riguardano il servizio sociale, ma dal momento che questa

volta potrebbe esserci di mezzo la polizia, ritengo che ogni informazione possa essermi utile nel mio rapporto di fiducia con Joe.

"Ha a che fare con il caso di Bill. La polizia vuole chiedergli di certe cose che lui ha detto. Ovviamente, l'assistente sociale sarà presente. L'uomo arrestato è il nostro vicino, Ted". Sembra molto sconvolta.

"Capisco". Sono un po' preoccupato per l'interferenza della polizia nella terapia di Joe. "Spero che non si verifichi una lunga interruzione. Mi terrete informato, per favore? Non sono per niente tranquillo circa gli effetti che questo potrebbe avere sui progressi di Joe".

"Anch'io non lo sono!", risponde prontamente. "L'assistente mi ha assicurato che l'avrebbe tenuta aggiornata. Grazie mille e arrivederci".

Sembra sincera e collaborativa. Mi ha fatto piacere sentirla così, ma non posso fare a meno di pensare che quello che dicono e quello che fanno persone così sono due cose molto diverse, a volte.

Prendersi carico di un bambino è una procedura molto complessa. I genitori, o chi se ne occupa, possono mentire se gli conviene. Hanno sempre paura di compromettersi, dicendo qualcosa che potrebbe allontanare i figli da loro per essere presi in custodia da altri. I bambini non mentono mai, a meno che non stiano proteggendo qualcuno o si sentano responsabili di qualcosa che è accaduto in famiglia. La maggior parte delle volte i genitori tengono per sé alcune informazioni. Penso che Alison sia sincera, ma ho comunque la sensazione che mi abbia taciuto qualcosa.

L'interruzione mi dà un po' di tempo per riflettere su come proseguire con Joe. Inoltre, posso concentrarmi di più sugli altri ragazzi che sto seguendo, in particolare una bambina, la cui terapia è nella fase finale.

Quando rivedo Gemma, è più allegra che mai. I suoi progressi sono davvero significativi: da bambina timida e introversa è sbocciata in una ragazza frizzante, piena di vita ed energia.

Quando ha iniziato la terapia, quasi un anno fa, non riusciva a parlare con nessuno. Si sedeva in un angolo come un animale ferito, era impossibile comunicare con lei. Non mangiava quasi nulla e passava ore in silenzio a singhiozzare.

È tutto merito suo, ha lavorato duramente per migliorare così tanto. Soffriva di anoressia, allucinazioni paranoiche e dolori fisici. È stato un caso che mi sia occupato di lei. La sua terapeuta aveva a sua volta dei seri problemi di salute ed era stata ricoverata in un ospedale lontano da dove viveva.

Le note di Gemma parlavano di gravi problemi mentali. In passato avevo lavorato con pazienti affetti da anoressia, in collaborazione con una supervisione medica che avrebbe verificato i miglioramenti fisici del paziente.

Una settimana dopo il contatto avevamo iniziato la terapia. Già al primo appuntamento avevo pensato che la bambina avesse tutte le possibilità di stare meglio. Qualcosa in lei suggeriva una notevole forza interiore e che avrebbe collaborato, nell'ambiente giusto e con l'approccio giusto. Oggi posso dire che la mia sensazione era corretta. Gemma rispondeva bene alla terapia, al punto che aveva sviluppato un senso dell'umorismo piuttosto singolare.

Non che sia stato tutto facile, soprattutto per lei. Ero determinato a mettercela tutta per aiutarla. Tuttavia, c'è stato un momento in cui era molto difficile esprimere un giudizio su come stavano andando le cose. Per me la parte più importante della terapia era infonderle la capacità di apportare piccoli cambiamenti nella sua vita.

Non è facile terminare il rapporto con un paziente come lei, con cui si è creato un particolare attaccamento. Ne abbiamo discusso a lungo, è stato l'argomento delle ultime quattro sessioni Finché abbiamo deciso insieme che quello era il momento giusto di considerare conclusa la terapia, poco prima delle vacanze estive.

Le due ultime sessioni sono state per lei emotivamente dolorose. Era necessario capisse che si trattava della decisione più opportuna, per lei e per la sua vita. Nell'ultimo incontro, Gemma è diventata meno emotiva e più concreta. Si è resa conto che era tempo di affrontare il mondo da sola, con l'aiuto delle persone a lei vicine, della famiglia e degli amici, che erano molto solidali e affettuosi con lei. Ho cercato a lungo di capire quale fosse il modo giusto di parlarle. E ho optato per una soluzione graduale.

"Dimmi, Gemma, che cosa starai facendo la prossima settimana in questo momento?".

"Chi prenderà il mio posto?", ha mormorato. C'era ancora un po' di tristezza nella sua voce.

"Non lo so ancora", ho risposto. "Anzi", ho continuato, "nessuno può prendere il tuo posto, voglio dire che nessuno può essere te. Ce n'è solo una di te. Sei unica e speciale".

"Sono contenta. Ti ricorderai di me qualche volta?", ha detto con voce tremante.

"Lo farò. Ti penserò insieme a tutti gli altri che sono stati qui con me, nella stanza dei giochi", ho risposto nel modo più sincero possibile. "Penserò a come sei ora e a tutto il buon lavoro che abbiamo fatto insieme, e come sei cambiata. Sono molto fiero di te".

Era ora di andare. Era uscita sorridente e di buon umore.

"Ti scriverò durante le vacanze estive", ha detto.

"Grazie, Gemma, mi farà piacere sapere come stai. Verrà anche il giorno in cui non mi scriverai più. Non preoccuparti per questo, è un processo normale, ma se in qualsiasi momento vorrai metterti in contatto con me, sai dove sono, tua mamma lo farà".

Lo dico a ogni paziente alla fine dell'ultimo appuntamento.

Tutti, in particolare i bambini e gli adolescenti, amano sapere che possono parlare di nuovo con il terapeuta, se ne sentono il bisogno. È come una rete di sicurezza, e gli piace avere quella possibilità.

È un viaggio lungo e doloroso, e inconsciamente non vogliono tornare dove hanno iniziato. Personalmente, non mi disturba dare loro questa opportunità. Rafforzarli nelle scelte e credere in loro è lo strumento più potente per aiutarli, e mi assicuro che lo comprendano fin dall'inizio della terapia.

Nel caso specifico, Gemma, ha reagito molto bene e ora ha il pieno controllo delle sue emozioni e delle sue scelte.

La maggior parte dei genitori fa del suo meglio per aiutare i figli. Ma non sono psicologi o psicoterapeuti. Anche se si preoccupano della loro salute e della loro educazione, possono commettere degli errori e continuare a farli. Non sono al corrente di tutti i problemi che un bambino attraversa fin dalla prima infanzia.

Molto spesso il terapeuta scopre di dover trattare non solo con i figli, ma anche con i genitori. Capita che i bambini ti chiedano di dire ai genitori qualsiasi cosa sia in grado di migliorare il loro rapporto. Molti si sorprenderebbero nel conoscere quanto poco dialogo ci sia tra genitori e figli.

Quando dici: "Tuo figlio vuole farti sapere che gli stai mettendo addosso troppa pressione", oppure "tua figlia ha confidato che non le stavi dicendo la verità" eccetera, i genitori ti guardano stupiti, come se i figli non avessero il diritto di chiedere niente e dovessero rimanere succubi delle loro decisioni, secondo il loro punto di vista. Allora, naturalmente, ti rendi conto che c'è qualcosa che non funziona in quella famiglia, che c'è una mancanza di comunicazione, insensibilità, negligenza e così via.

Abusare di un minore non significa solo picchiarlo o cose simili. C'è un abuso psicologico, silenzioso, ed è il più comune. È difficile da individuare e da gestire, perché la maggior parte delle volte i genitori non si rendono conto che lo stanno mettendo in atto proprio sui loro figli.

Quella con Joe è una lunga pausa. Circa un mese. Sono preoccupato. Spero che non siamo tornati al punto di partenza, penso, guardandolo entrare nella stanza dei giochi. Abbiamo fatto molti progressi e sarebbe davvero un peccato dover ricominciare tutto da capo.

Voglio sapere che cosa è successo durante quel lungo periodo. Ma ho stabilito di non chiederglielo e aspettare che sia lui a parlarmene quando sarà pronto. Sono sicuro che è proprio a questo che sta pensando, perché mentre è impegnato di nuovo con il lucchetto, continua a guardarmi, quasi per dire: "Non vuoi saperlo? So che vuoi saperlo. Perché non me lo chiedi?".

Mi sento un po' crudele a comportarmi così, ma la terapia deve essere focalizzata interamente su di lui, non su quanto è accaduto o sulla curiosità del terapeuta, anche se le due cose sono intrecciate.

Non passa molto tempo prima che mi dica: "Ted, il nostro vicino, è stato arrestato. La polizia l'ha portato via la scorsa settimana".

"Com'è possibile, Joe?", gli chiedo, fingendo di non saperlo già.

"È lui che è venuto nel nostro appartamento per cercare delle cose sotto il letto e sotto il tappeto. Ha preso le chiavi di Bill".

Adesso è chiaro: Joe non aveva immaginato l'intero episodio. Non erano allucinazioni, sogni o incubi, Ted era nella stanza di Joe in cerca della droga.

"Che cosa è successo dopo, Joe?".

"Il poliziotto è venuto a scuola quando mi stavo preparando per andare a casa e mi ha chiesto se volevo aiutarli con l'inchiesta. Ho detto di sì", continua imperterrito. "Mia madre era arrabbiata quando è venuta a prendermi, e si è lamentata, ma io ho detto che volevo aiutarli, e allora lei gli ha chiesto di cosa si trattava".

Parla in un tono molto eccitato.

"Il poliziotto ha detto che ci sarebbe voluta solo mezz'ora e che nessuno ci avrebbe visto. Siamo andati con lui e ci ha portato in una stanza dove c'erano degli uomini, uno accanto all'altro, che mi fissavano, ma lui ha detto che non potevano vedermi né sentirmi. Poi mi ha domandato se riconoscevo uno di loro. Indossavano tutti un cappuccio".

Si ferma un attimo per prendere fiato.

"Non riuscivo a vedere bene i loro volti, ma non c'erano dubbi. L'ho riconosciuto subito. Indossava la stessa tuta nera, il terzo nella fila, ero sicuro che fosse lui. L'ho detto al poliziotto e lui ha detto grazie. Poi siamo tornati a casa".

"Hai riconosciuto il tuo vicino, Joe?".

"Sì, l'ho riconosciuto. Mia madre continuava a dire: 'Sei sicuro Joe? Sei sicuro?'. Sì, ne ero sicuro. Era arrabbiata, ma non potevo farci niente. Era lui, e la polizia è andata a casa sua e ha trovato molte cose che appartenevano a Bill".

Sapere che c'è stata un'indagine adeguata condotta dalla polizia e che siano state raccolte delle prove mi dà sollievo. Nello stesso tempo mi infastidisce apprendere che la polizia non ha seguito i consigli del servizio sociale e si è rivolta a Joe senza la dovuta autorizzazione. Il fatto che la madre fosse lì è comunque un punto a loro favore, e poi c'è il risultato, che spero chiuda definitivamente il caso.

"Bene Joe, sono molto contento che tu li abbia aiutati a risolvere il caso. Ora però concentriamoci su di te e sulle tue emozioni. Come ti senti dopo tutto questo?".

"Bene. Sono contento. Anche mamma si sente meglio. Non è più arrabbiata e impaurita".

"Questo è ottimo!", dico. "Che cosa ti piacerebbe fare adesso? Un disegno dei tuoi progetti futuri? La scuola sta per chiudere per le vacanze".

Si mette a disegnare, diligentemente, nel suo solito modo astratto. Ci sono ancora alcuni spazi da riempire, ma il risultato è soddisfacente e rivelatore.

"Mi sento bene", dice di nuovo, in un tono da adulto. "Sento che stiamo per arrivare da qualche parte, e che possiamo essere felici".

Anch'io sono soddisfatto dei suoi progressi. Penso al futuro. Ci sono ancora delle cose da affrontare, perché cresca e diventi un individuo completo. Ci sono delle lacune da colmare: deve imparare a pensare in modo più veloce e meno astratto. Gli capitano ancora alcuni episodi di rabbia e frustrazione. Lo guardo mentre disegna e vedo un ragazzino che ha fatto molta strada nel viaggio alla scoperta di se stesso, ma che deve coprire ancora una certa distanza.

Ma forse sono troppo severo con lui, mi dico. Forse Joe è pronto a compiere il resto del viaggio da solo. È un rischio che non voglio assumermi. Respingo l'idea. Proseguirò il lavoro nel solito modo.

Alison viene a parlarmi la settimana dopo. È felice, entusiasta. Hanno ricevuto un invito da un parente e partono per Devon il prossimo fine settimana.

"È stata una decisione improvvisa, l'abbiamo presa insieme".

Sembra stare meglio, è ben vestita e piena di energia.

"Joe voleva venire con me, anche se ci sono varie cose da fare e preparare. Ho preferito venire sola da lei per spiegarle tutto di persona".

Alison è di nuovo in piena attività, rifletto deluso. Come al solito, non parla, non dà a nessuno la possibilità di condividere una scelta, dritta di corsa a mettersi nei guai. Non posso fare altro che accettare la sua decisione, ma sono preoccupato. Si mostra per il tipo di madre che è: impulsiva.

Per il momento, riesco a tenere per me il disappunto. Ha almeno un'idea di quando sarebbero tornati, in modo da fissare un appuntamento? Il servizio sociale ci mette in contatto con molti pazienti in questo periodo e voglio evitare che Joe venga abbandonato, specialmente ora che la terapia sta procedendo bene.

No, non sa dire quando, ma me lo farà fatto sapere al più presto, con una telefonata o un messaggio.

"Be', a quanto vedo", le dico, "pare che abbia già deciso tutto. Mi sarebbe piaciuto saperlo prima, e invece eccoci qui".

Ripete che le dispiace molto, ma dopo tutto quello che hanno passato, le è sembrata la cosa più giusta da fare.

Immagino quante cose le siano sembrate giuste da fare in passato, che poi hanno provocato disastri. Ma tengo la bocca chiusa. Mi alzo dalla scrivania e la accompagno alla porta.

"Speriamo che sia la scelta giusta. Aspetterò la sua telefonata e mi organizzerò di conseguenza. Vi auguro una bella vacanza. E porga i miei saluti a Joe e al resto della famiglia".

Alison è sorpresa dalla mia improvvisa freddezza. Ringrazia, saluta e se ne va in fretta.

È già in piena corsa, penso. Non riesce a prendere in considerazione altro: i suoi figli, il fatto di essere una madre. Per un istante, mentre chiude la porta, la vedo esitare, come se volesse tornare indietro. Poi si ferma davanti alla reception e lascia una busta alla segretaria. Una cartolina di Joe per salutarmi?

Non mi sono sbagliato. Mentre apro la busta, riconosco un disegno astratto con un grande ringraziamento e in mezzo alcuni grandi numeri. Sono le due cifre mancanti della combinazione. Mi accorgo che sono diverse dalle mie nuove. C'è solo un modo per scoprire se ha ragione. Mi precipito alla scatola dei giocattoli e trovo il lucchetto.

Ho di nuovo l'età di Joe!

Inserisco rapidamente i numeri, quindi spingo il braccio metallico verso il basso alcune volte. La serratura si apre!

"Evviva. Ben fatto Joe!", urlo.

All'improvviso è estate. Altre due settimane ed è tempo di programmare le mie vacanze. Non riesco a decidere dove andare. Mancanza d'immaginazione.

Oppure, come al solito, sono i ricordi della mia infanzia a intralciarmi. Qualcun altro dovrà decidere, penso con sollievo. Grazie a Dio, perché non sono il tipo che ama così tanto le vacanze. Fosse per me, resterei a casa per due settimane. La città in piena estate è tranquilla e piacevole, potrei visitare musei e gallerie che non ho avuto il tempo di andare a vedere prima a causa del mio lavoro. Inoltre, potrei aggiornare le schede dei miei pazienti, ancora chiuse nell'armadietto, e quelle nel database del computer.

Mi siedo sulla poltrona, vicino alla finestra. Guardo la cartolina di Joe e i numeri che ha scritto. Presto li dimenticherò. Altri bambini cercheranno di scoprire la combinazione. Immagino di sentire la sua voce che dice:

"Questo sono io, tu e la stanza dei giochi. Io dentro, dal principio fino a ora".

Il viaggio di ritorno

Il nostro minuscolo ufficio postale e la nostra robusta ma adorabile postina incarnano il benessere del nostro piccolo paese di provincia.

Siamo una comunità felice, anche se ovviamente abbiamo i nostri problemi. Chi non li ha? Ma siamo la gamba della Britannia, noi qui in Cornovaglia.

Mi dispiace per voi cittadini, ma io adoro le nostre folte siepi, le bottiglie di latte fresco, le mucche marroni e le belle passeggiate in campagna, e quando stremati facciamo sosta in un pub isolato a bere lattine di birra chiara e cremosa con i nostri amici dal viso rubicondo.

Alcuni dei miei compagni sono già sposati e con pargoli. Anch'io mi sposerò un giorno, con una ragazza dolce, si chiama Sarah, ha gli occhi gentili e vivaci. Per ora però mi accontento di baciarla e abbracciarla. Abbiamo tempo. Non è ancora il momento. Sono un "marinaio nuovo" sulla nave dove sono imbarcato, grazie agli uffici di mio fratello Jack.

Sto pensando a tutte queste cose mentre aspetto con mamma, papà e le mie sorelle che mio fratello emerga dalla vecchia chiesa normanna con la sua sposa e le loro facce sorridenti, dopodiché tutti noi andremo al ricevimento di matrimonio e ci allieteremo con le proverbiali battute e i discorsi pieni di allegria, auguri e promesse di felicità, ignorando i doveri e la schiavitù familiare che di lì a poco seguirà.

Arrivano tutti, la sposa e lo sposo, e il prete opulento dalla faccia arrossata, seguiti con entusiasmo dalla fotografa del villaggio, che è nostra zia, e dalle damigelle, le nipotine, che si sistemano i vestitini per far bella figura, forse pensando a quando verrà il loro momento. Ci sentiamo tutti al sicuro, nella speranza che ogni cosa funzioni, e le generazioni si susseguano una dopo l'altra, all'infinito.

"Sarai tu il prossimo, Jack", qualcuno mi dice tra urla e scherzi.

"No, non io", rispondo. "Io sono quello che è riuscito a scappare!"

Tra poco, non appena il sole tramonterà, gli sposi saranno in luna di miele nel loro luogo privato.

Torniamo a casa barcollanti, contenti che tutto sia andato bene.

"È una brava ragazza. Sono sicuro che avranno una bella vita insieme". Sono le ultime parole di nostro padre prima di salire a fatica le scale per andare a letto. Forse ha buttato giù troppe pinte di birra.

Un mare forza dieci è frequente sulla nostra costa. Come questa notte, mentre ce ne stiamo al sicuro nelle nostre case.

Penso a mio fratello e a sua moglie, che a quest'ora hanno già attraversato quel misterioso canale metamorfico, per godersi la prima settimana del viaggio di nozze che hanno organizzato con tanta cura.

"Ha chiesto di sposarti?".

"Non ancora papà. Non abbiamo fretta, lo sai".

"Che cosa sta aspettando? Suo fratello ha due anni di meno e si è sposato la settimana scorsa".

Sua moglie lo interrompe, sa dove condurrà questa conversazione.

"George, eravamo tutti lì, ricordi?".

Lui la ignora e continua. "Vorrei poter dire quello che penso in questa casa. Non sono ancora rimbambito".

"Ti ascolto, papà". La ragazza risponde gentilmente. Ama suo padre e, riflettendo, quello che dice ha una logica.

"Conosci Jack, vuole comprare una casa prima di sposarci".

"Sì, d'accordo, però quando sarà in grado di permettersi una casa avrai novantotto anni".

Sua moglie ride nervosamente ma non dice nulla.

"C'è una casetta in riva al mare, in affitto, molto economica. Cosa c'è che non va a prenderne una in affitto? L'abbiamo fatto tutti. Potreste stabilirvi lì, cominciare a farvi una famiglia".

"Jack lo sa?", interviene sua moglie.

"Certo che lo sa. È Billy, il padre del suo amico, che la sta affittando!".

"Forse dovresti dirlo a Jack quando torna", dice la madre.

"Ci proverò, lo prometto", risponde Sarah con un sospiro.

"Hai sentito cosa ha detto il giorno del matrimonio di suo fratello?".

"Stava scherzando papà, lo sai!".

"Tuttavia, è stata una cosa molto strana da dire davanti a tutti. La gente parla e noi non vogliamo diventare lo zimbello del villaggio, vero?".

"Certo che no, papà", risponde Sarah, sperando che la conversazione finisse lì.

La madre le viene in soccorso: "Sentite la tempesta? Mai udito o visto nulla di simile. Le onde raggiungono la cima delle scogliere". Si rivolge al marito: "Andiamo su, andiamo a letto. Speriamo che domani sia una giornata migliore".

Mette da parte i suoi ferri e insieme iniziano a salire al piano di sopra. "Buonanotte tesoro, a domani", la salutano entrambi.

Sarah va alla finestra e guarda fuori. Il vento e il mare colpiscono la scogliera senza sosta. La tempesta sta prendendo sempre più forza.

Non può fare a meno di dirsi: "Torna presto, Jack. Non m'importa se mi sposi o no. Ritorna a casa sano e salvo, caro".

Le onde e i venti sferzano spesso con tutta la loro violenza questo angusto angolo della Cornovaglia. È la vendetta del mare, diciamo noi, per avergli preso così tanto e restituito così poco. I marosi impetuosi assalgono le nostre coste con impeto enorme. Le correnti si mischiano con quelle del Mare d'Irlanda e dell'Oceano Atlantico, sommandosi in una forza tremenda e pericolosa, infrangendo le rocce e tutto quello che incontrano nella loro rotta.

La scarica di onde afferra *Nelly*, la petroliera su cui Jack lavora. La nave continua a scivolare sull'acqua, in un nuovo coraggioso sforzo di salvarsi dalle possenti e spietate fauci dell'oceano, con un altro grido di disperazione.

Guardando dal ponte della prua, Jack si rende conto che è la tempesta che ha sempre temuto. Così violenta da minacciare di affondare una nave gigantesca. Suo fratello, che quella settimana si è sposato, avrebbe risposto alla richiesta di soccorso, se avesse potuto.

Spaventato e al contempo eccitato, insieme ai suoi compagni, Jack fa tutto il proprio dovere, perfino stupendo se stesso. Non pensava di poter essere così coraggioso in un frangente simile. Il ventre del mare solleva la nave e la sballottola come un tappo di sughero tra le cascate del Niagara.

Jack si aggrappa alle corde e fissa incredulo il terrificante respiro e la schiuma di quel gigante che sembra ridere dei loro sforzi, che li lascia navigare per poi, un attimo dopo, sbatterli fino allo sfinimento, senza possibilità di difendersi, come bambini in balia di un malvagio maniaco. Tutto l'inferno sembra essersi riunito lì, pensa Jack, mentre le scialuppe di salvataggio cercano di avanzare contro la resistenza di forze sovrumane.

Il capitano grida: "Non mollate le corde", mentre si avvicinano al punto in cui la nave è quasi spaccata in due. La petroliera si inclina, si contorce, poi sembra arrendersi a quelle acque profonde, ai colpi di quel mostro ruggente.

Nelly avanza, ormai ferita mortalmente, con un gemito sinistro, come un gattino sputato fuori da un lupo rabbioso. La poppa della nave cisterna si solleva in un ultimo grido, prima di essere afferrata dagli abissi. Non si sente più alcun urlo.

L'odore del petrolio che le gonfiava la pancia domina su tutto. Jack sente il rantolo della morte e non vede altro.

"Niente da fare", sente urlare il capitano, "tenete duro per il viaggio di ritorno".

Sta pensando alla piccola chiesa, alla birra, ai compagni, alla vita, alla gioventù, all'emozione del primo amore.

Nelly viene sollevata e spremuta come un limone. Il ponte sul quale poco prima Jack stava in piedi si apre come si apre la terra durante un terremoto. Cerca di seguire i compagni: "Voglio tornare a casa", grida, ma nessuno può sentirlo. I suoi compagni vengono inghiottiti vivi, senza poter fare nulla per salvarsi.

La sua ragazza, le campane che annunciano le nozze, la casetta dove sarebbe andato a vivere con Sarah, i figli, almeno tre, che avrebbero avuto. A questo pensa Jack prima di essere costretto ad arrendersi. Le sue dita forti afferrarono le corde, mentre allunga il busto per affrontare il suo nemico in un ultimo gesto disperato.

Il suo assalitore lo prende dolcemente, mentre lui precipita in un sogno.

Le onde tornano silenziose. La tempesta è finita.

Il sistema positivo

Samantha Rice si fermò sulla tomba e scrutò dentro la buca profonda due metri, mentre i portatori abbassavano la bara dove era chiusa sua madre, persa dopo una lunga sofferenza.

"Che tu possa avere finalmente pace, cara mamma".

Accanto a lei, lì al cimitero di Fern Head, c'erano suo padre Jack, la sorella Debbie, Roy, Tom e i nipoti Vicky e Tim.

Niente fiori, così avevano voluto, solo donazioni al Royal Marsden, London SW3. E così avevano fatto scrivere quel giorno sull'"Evening Chronicle".

Roy, suo marito, la strinse forte mentre lei guardava, attraverso gli occhi velati e brucianti di lacrime. La bara dondolò tremolante per poi fermarsi, poi si adagiò dove sarebbe rimasta fino a quando tutte le creature mai vissute, fino all'ultimo bambino appena nato, sarebbero morte. Dopodiché tutte quelle persone avrebbero potuto buttare all'aria il cimitero e trasformarlo in una complesso residenziale di lusso. Chissà?

Questi e molti altri pensieri assalivano la mente confusa e ferita di Sam in quella triste circostanza.

Tutti quelli che erano lì si separarono presto quella sera, tornando malinconici alle loro case.

Jack sarebbe rimasto con la sorella di Sam per un po'. Ci sarebbe voluto del tempo, ma alla fine si sarebbe consolato e avrebbe ricominciato a vivere un giorno dopo l'altro.

Sam non aveva mai capito veramente sua madre, né sua madre aveva mai veramente capito lei, e non c'era niente che nessuna delle due potesse fare al riguardo.

La lunga, dolorosa malattia del secolo aveva voluto il suo tributo, aveva avuto quello che voleva, e nella sua scia aveva lasciato una traccia di miseria e incertezza, e un diluvio di paura su Sam, nella sua prima tragedia familiare. Ora era finita e per la prima volta nella vita capiva cos'era il vero dolore.

Luglio, sei mesi dopo la sepoltura di sua madre. Le cose erano praticamente tornate alla normalità, salvo quella strisciante depressione che non era mai stata in grado di smaltire.

Aveva quarant'anni, era attraente. Era una sociologa. Era sposata con Roy, e con il lavello della cucina. Non le importava. Si era sposata, rinunciando alla sua carriera, sapendo quello che la aspettava, e per avere dei "bambini", quindi non poteva lamentarsi. Però si domandava se ne fosse valsa la pena.

Con Roy tutto era andato bene per qualche anno. Avevano continuato a essere moderatamente felici, fino a quando lui aveva iniziato a rimanere fino a tardi in ufficio.

L'insoddisfazione trovò sfogo una sera, verso la fine dell'estate, in cui Sam si sentiva particolarmente depressa e triste.

"Così non va bene Roy, io non ci sto", urlò dopo una discussione violenta. "Mi sento svuotata. Non so più nulla, e non sto facendo niente. Non siamo neanche riusciti ad avere un figlio", gemette attraverso le labbra tremanti ma decise.

Ora capiva perché non era mai stata in grado di venire a capo di situazioni simili nel suo lavoro di assistente sociale.

Doveva affrontare casi di coppie senza istruzione ed emotivamente poco stabili. Non era mai stata capace di risolvere uno di quei casi simili al suo perché non aveva mai intuito, prima di allora, la sensazione che provoca il fatto di non sentirsi amata. Lo capiva adesso.

Ora comprendeva quanta disperazione portasse quel problema. Si rendeva conto di come il cuore ferito dal pungiglione della morte guarisse molto più lentamente della carne.

"Ti adoro baby Sammy". Roy la chiamava sempre così quando, giovani e appassionati, si incontravano di nascosto. Hanno la stessa età, sono cresciuti insieme, e insieme, in un modo o nell'altro, senza esserne coscienti, si sono perduti e si sono dimenticati di come si fa a tenersi uniti.

Lui pure, nell'ambito del suo lavoro di assistente sociale, era diventato più "sociale" che "assistente", si era smarrito e aveva cominciato a concedersi distrazioni.

In quanto a Sam, le faccende domestiche non erano mai state in cima alla lista delle sue preferenze, ma cercava di sopportarle con senso del dovere.

Per anni aveva consigliato famiglie e figli a tenersi lontani da droghe e spacciatori, aggressioni e aggressori. Ora desiderava ardentemente le braccia di qualcuno che la stringessero, sentiva il bisogno di essere amata. Era bella, con i suoi capelli scuri, il suo modo di fare era originale e attraente, e con le sue gambe lunghe e quel modo di camminare sicuro di sé faceva girare molte teste, lo sapeva.

"Ti amo Sammy baby, non riesco proprio a capire perché siamo arrivati a questo", le disse Roy sensualmente.

"Te lo dirò io perché, Rob Roy, perché stai giocherellando e hai dimenticato come si ama qualcuno. E io non ho bisogno d questo! Non diventerò una dona di mezz'età senza figli e senza lavoro, mentre tu te ne vai in giro a divertirti. Oh no! Non va bene, Roy".

Roy se ne andò sbattendo la porta. Aveva da fare.

La banca

Il cassiere al primo sportello alzò lo sguardo quando Sam entrò, poi tornò a dedicarsi al suo cliente e alla ricevuta che stava stampando. Sam si mise in fila. Osservò i volti delle persone mentre lentamente avanzavano verso il numero illuminato di uno sportello libero.

Quei volti vuoti le fecero pensare cupamente al cadavere in decomposizione di sua madre, e alla sua stessa vita. Era condannata all'oblio, o c'era di più? Doveva lasciare Roy adesso, ne era convinta! Quella certezza cacciò via la tensione nello stomaco insieme alla gelosia e al sentimento di vendetta. Si sentì di nuovo intera. Il sangue le scorreva nelle vene, si sentiva vibrante e viva, e così intendeva rimanere.

"Signora... signora, è il suo turno", sentì una voce dietro il vetro dello sportello numero uno.

Non era affatto il suo turno, ma la donna prima di lei era impegnata in una conversazione con una dall'altra parte della fila, e il giovane impiegato che le aveva lanciato un'occhiata mentre lei entrava in banca aveva deciso che fosse il suo turno.

"Sono sicura che ho saltato la fila", sorrise malinconicamente.

"Lo so. Non è terribile?", rispose lui fissandola. Aveva profondi occhi marroni e sopracciglia scure, e i capelli corti e neri spartiti da una riga. Le orecchie piccole proporzionate a quella bella, brusca, faccia giovane.

Sam sostenne a lungo il suo sguardo, dopodiché lo abbassò per aprire la borsa a tracolla e prendere il libretto degli assegni, con le mani leggermente tremanti.

"Cinquanta sterline in contanti, per favore", mormorò tranquillamente. "Se verrò linciata sarà colpa sua", aggiunse imbarazzata.

"Verrò in suo soccorso", disse il giovane sorridendo. "Non l'ho mai vista prima, signora Rice", continuò, leggendo il nome sul libretto degli assegni.

"Questo è perché non mi piace spendere troppi soldi", rispose Sam, cogliendo di nuovo il suo sguardo sfacciato ma solenne.

"Perché no? Sono fatti per spenderli", disse lui timbrando l'assegno e contando i soldi. "Da dieci va bene?".

"Non importa come sono!", tagliò corto Sam, prendendo le banconote in una stretta nervosa e allontanandosi in fretta dallo sportello.

Fuggì verso l'uscità arrossendo, con una sensazione che aveva completamente dimenticato.

"Signora Rice", urlò una voce dietro di lei quando era già in strada. "Signora Rice, il suo libretto degli assegni, ha dimenticato di prenderlo".

Il cassiere stava di fronte a lei. Tese la mano per prendere il libretto da quel ragazzo che avrebbe fatto più bella figura in una squadra di rugby che non a starsene seduto allo sportello di una banca. Si sentiva viva come non le succedeva da molti anni.

"Tutto questo è ridicolo", rifletté, lasciando che i suoi pensieri indugiassero su quella scena. "Che cosa penserà di me!". Sorrise a se stessa. E quella notte si addormentò rilassata e sorridente.

Kevin aveva venticinque anni. Atletico e sempre elegante. E Sam riassumeva tutto in una frase: "Frutto proibito".

Ma si sbagliava. Un incontro casuale alla stazione ferroviaria di West Dibley e altri due prelievi di contanti dettero a Kevin abbastanza coraggio per chiedere a Sam di vedersi qualche volta.

Lei all'inizio rifiutò. Ma poi un deposito in contanti con un po' di fracasso in banca, vale a dire l'urlo di una cliente che si lamentava: "Ha saltato la fila, signorina", seguito dal solito mormorio di pecore al pascolo e lamentele tipicamente inglesi: "Vergogna, non è giusto, così non si fa" eccetera, favorì la decisione da parte di Sam di accettare l'invito di Kevin.

Il direttore della banca rimproverò severamente Kevin per l'accaduto.

"Sono contento di aver causato tutta quella confusione", disse a Sam durante uno dei loro momenti rubati. "Ho fatto belare quelle pecore, eh!". Era giovane e felice. Un tipo moderno, con una gioia di vivere e un desiderio innato di voler bene a qualcuno.

La fuga

Neanche lei capiva bene perché ora si trovasse lì, sul volo British Airways per Roma, stringendo la mano di una persona che appena conosceva. Ma era la realtà. Essere lì, con Kevin seduto accanto a lei.

Era tanto tempo che non si sentiva così rilassata e nello stesso tempo così eccitata.

Passò in rassegna dentro di sé tutti gli eventi che li avevano condotti fin lì, dalla prima volta in cui aveva accettato di uscire con lui.

"Ero così indecisa, avevo così paura di lasciarmi andare alla prima occasione in cui qualcuno si mostrava interessato a me", pensò. "Mi sentivo così stupida. Ma l'ho fatto, e ne sono contenta. Kevin si è dato da fare un sacco perché io capissi che ci teneva a me, per farmi sentire di nuovo una donna".

E ora era felice di stare con lui. Un ragazzo che era capace di amare. Non c'era dubbio che avessero bisogno l'uno dell'altra, concluse.

La mano di lui strinse più forte la sua, mentre si voltava a guardarla. I suoi occhi erano vivi e lucenti. Si chinò e la baciò. "Oh Sam, grazie per essere venuta con me, ti renderò molto felice, te lo prometto".

Durante il loro primo incontro, avevano viaggiato in macchina per miglia, a guardarsi, a studiarsi, a ridere ripensando a quello che era successo nella banca, a parlare di tutto. Si erano raccontati la loro vita e le loro aspirazioni.

La sera avevano cenato in silenzio, in un piccolo albergo, senza sapere bene dove si trovassero. Ma una cosa sapevano bene: che erano attratti l'uno dall'altra, e non c'era nulla che potessero fare al riguardo. Erano come due fili elettrici di uno stesso circuito!

E poi era arrivato quel giorno. La mattina, presto, una telefonata di Kevin aveva fatto balzare Sam dal letto come un canguro. Roy dormiva ancora, era venerdì.

"Sam, sei tu?".

"Sì".

"Sam, partiamo insieme per Roma stasera. Cioè, verrai con me?".

"Che cosa?", aveva risposto scioccata.

"Trova tutte le scuse che puoi. Abbiamo bisogno l'uno dell'altra, vieni, con me, non pensarci troppo, fallo e basta!".

"Kevin, cosa stai dicendo? Non posso andarmene proprio così".

"Perché no? Conosco la tua situazione, ma so che vuoi stare con me. Non perdiamo quest'occasione, Sam. Perché no?", aveva insistito emozionato. "Prendiamola e scappiamo!".

Aveva cercato di non farsi prendere dal panico. Non poteva e non voleva fare domande. Questa volta era stata colta di sorpresa nel momento giusto. Aveva pensato al marito, a quanto ormai fosse tiepido e indifferente con lei. E perciò aveva accettato la proposta di kevin. Più tardi gli aveva lasciato un biglietto sul tavolo della cucina.

Roy lo lesse quando tornò a casa quel venerdì sera. Si sentì come se gli fosse caduto addosso un blocco di cemento dal campanile di una chiesa.

"Caro Roy, sono andata via per un po'. Non mandare i cani da guardia a cercarmi, lascia stare. Sto bene e sono perfettamente al sicuro. Sono stufa che tu e gli altri diate per scontato tutto quello che mi riguarda. Non ho altro da dire. Mi serve un po' di tempo per capire bene cosa fare. Tornerò presto con una risposta e una soluzione. Non è colpa di nessuno. Ho smesso di respirare e ho bisogno di prendere aria".

Roy capì, dopo lo shock iniziale. Nei giorni che seguirono si chiuse in se stesso. Dopo tutto, non era nella posizione di biasimarla.

Kevin

L'aereo atterrò all'aeroporto Leonardo da Vinci di Fiumicino, a Roma. Kevin chiamò un taxi e indicò l'indirizzo all'autista, Hotel Excelsior.

"Non preoccuparti delle spese, Sam", disse. "La mia famiglia ha un mucchio di soldi. E io ho ferie illimitate".

Sam non fece domande. Non era importante dove alloggiavano. Ad ogni modo, aveva la sua carta di credito.

"Sto per mostrarti il paese più bello del mondo", le disse Kevin.

La sera, prima di uscire, Kevin si avviò al bar dell'hotel per prendere qualcosa da bere, lasciando Samantha a finire di prepararsi nella lussuosa suite. Avrebbero fatto una bella passeggiata nell'aria serale di Roma.

Sam emerse dall'ascensore vestita elegantemente. Con uno sguardo languido cercò Kevin fra la moltitudine di gente che andava e veniva nella hall.

"Accidenti a me se non è Miss Rice!". Una voce più alta delle altre interruppe la sua ricerca. Guardò sorpresa l'uomo di fronte a lei, che le sorrideva entusiasta.

Si sarebbe voluta nascondere tra tutte quelle persone lì intorno. "Chi è che mi conosce? Che cosa vuole? Come mi giudicherà?", si chiese. "Però non sto facendo niente di male. Chiunque sia, può pensare quello che vuole, non ha niente a che fare con me!", si rispose un istante dopo. E si pose orgogliosamente di fronte a lui.

Guardò l'uomo ora, e si ricordò.

"Signor Fabbri, che sorpresa! Sì, sono proprio io".

Era il suo ex capo quando lavorava per i servizi sociali a Londra. Il capo dei servizi della contea, per essere precisi, un grande uomo con un grande impiego. Le faceva sempre un sacco di problemi ogni volta che lei gli offriva un suggerimento per rendere il sistema più efficiente, specialmente per quanto riguardava bambini e adolescenti. Era contrario a ogni innovazione, per questo lo chiamava "il dinosauro".

Non aveva mai fatto caso che era un uomo attraente, alto ed elegante. Gli anni lo hanno migliorato, pensò.

"È qui per la conferenza? Pensavo che avesse smesso di lavorare?", le disse con una sincera stretta di mano.

"No, Sono qui come turista".

"Con un gruppo?".

"Sì, un gruppo davvero piccolo". Gli occhi le brillavano sfacciatamente.

"Sa, stavo pensando a lei la settimana scorsa. Stavo rivedendo tutti i progetti di innovazione proposti e il suo era il migliore. Molto attuale, quindici anni dopo, e attuabile".

"Be', forse se mi avesse permesso di fare il mio lavoro, le tragedie che abbiamo visto al telegiornale si sarebbero evitate", non riuscì a trattenersi dal dire. "Può attuarli adesso, quei progetti, non vi costerà nulla".

"Vede, Miss Rice, era un'altra epoca, c'erano altri governi e altre politiche. Sono contento di constatare che lei non ha perso il suo ardore".

"Quello non lo perderò mai. Mi sta offrendo il vecchio lavoro?", domandò in tono scherzoso.

"Le sto offrendo un incontro per parlarne, sì. Mi dia un colpo di telefono se vuole tornare a lavorare per noi. Sa dove trovarmi. Sono sicuro che può realizzare i suoi progetti adesso".

"Ci penserò. Ora, mi scusi, mi stanno aspettando al bar".

Si salutarono amichevolmente.

Sam dette un'occhiata a Kevin, che la stava aspettando poco più in là sorridendo. Insieme si diressero verso il bar.

Mentre continuava a fissarlo, Sam pensò a quante cose erano cambiate da quando avevano passato la prima notte in quell'albergo vicino alla banca, dopo che Kevin aveva finito il suo turno, piú di un mese fa. Anche dentro di lei qualcosa era cambiato.

Aveva trascorso quindici lunghi anni a controllare con ansia i suoi test di gravidanza e ogni volta si era sentita una donna fallita. Ora sapeva di non averne bisogno. Era certa di essere incinta. Il fatto che il bambino fosse di Kevin la riempiva di gioia e sicurezza. "Non c'è bisogno di dirglielo proprio ora", pensò. "Glielo dirò dopo questa vacanza, quando avremo sistemato tutto".

L'infedeltà di Roy le aveva fatto vivere anni di devastazione, che le avevano tolto ogni fiducia in sé, e con la recente morte della madre l'avevano quasi ridotta a ritenersi nient'altro che una melma, una zitella sterile destinata a invecchiare triste e sola.

Ora, a un tratto, si sentiva di nuovo viva. Come quando aveva vent'anni. Quella pazza avventura le aveva restutito tutta la fiducia di un tempo. Aveva ritrovato quello che pensava di aver perso per sempre. Anche il suo viso, chiaro e luminoso, aveva riacquistato una giovinezza che credeva ormai perduta.

Kevin le dette uno sguardo pieno d'amore.

Le loro notti erano appassionate. I giorni fatti di viaggi, ricerche e scoperte. Kevin era molto più giovane di lei, è vero, ma che importava?

Volarono a Venezia. Viaggiarono sull'Orient Express. Salirono sull'Etna e nuotarono nella baia di Napoli. Visitarono Pompei, Ercolano e le fortezze di Porto Ercole.

Una favola. Questo era la loro storia e quella vacanza fantastica. Finché un giorno, il 22 settembre, i soldi finirono e dovettero tornare.

Il ritorno

L'aereo atterrò a Heathrow in una gelida fredda sera di fine settembre. Sam e Kevin scesero dall'aereo in silenzio, abbracciati. E in silenzio percorsero il breve tragitto fino alla sala passeggeri e all'area doganale. Si strinsero forte le mani, mentre oltrepassavano il cancello degli arrivi ed entravano nella sala principale.

Nella fila delle persone che aspettavano ansiosamente amici e famigliari, Sam riconobbe Roy.

"Come ha fatto a sapere che stavo tornando?", si domandò arrossendo.

Non ebbe il tempo di valutare nessuna ipotesi perché i suoi pensieri vennero interrotti da una voce acuta e da un flash intermittente.

"Signor Kevin Grant?".

"Sì", rispose lui con voce ferma.

"Sono il vicecommissario Smith. Lei è in arresto. Deve rispondere dell'ammanco di venticinquemila sterline dalla banca...".

A Sam parve di ritrovarsi in un incubo, ebbe la sensazione di svenire. Sentì le gambe afflosciarsi. Avrebbe voluto scomparire dalla scena.

"È vero? Come hai potuto mettermi in una situazione del genere? La mia famiglia, i miei amici. Tutti lo verranno a sapere".

Sentì la mano di Roy trascinarla fuori dal cerchio della polizia, dei fotografi e dei curiosi che si chiedevano cosa stesse succedendo.

Lanciò un'ultima occhiata a Kevin, che si voltò e le sorrise.

"Perdonami, Sam. Pensavo che non avrei mai potuto averti. Credimi, per te aprirei la cassaforte della Banca d'Inghilterra e ti regalerei una doccia di petali d'oro. Ti amo!".

Urlò le ultime parole, per farsi sentire da lei, mentre due poliziotti lo stavano tirando, ammanettato, verso l'uscita.

"Andiamo, signore", furono le ultime parole che Sam udì, mentre Roy cercava di trascinarla via.

"Stai zitto, cretino", lo sentì gridare con rabbia verso Kevin.

"Lasciami andare, ora! Mi fai male!", urlò a Roy. "Non ho bisogno di te. Vai via!".

Il viaggio di ritorno in città fu un turbine di pensieri, ricordi ed emozioni. Scese dall'ultimo bus notturno ritrovandosi in mezzo a ubriachi e ragazze che barcollavano fuori dai pub.

Camminò lentamente lungo quelle strade buie e quasi deserte. Aveva bisogno di tempo per riflettere su quanto era accaduto e su che cosa fare.

Forse camminò per ore, pensando ai momenti più belli dell'avventura vissuta con Kevin, e all'amore e alla tenerezza che lui le aveva mostrato, senza riserve e condizioni.

E alla fine, tutte le riflessioni non poterono fare a meno di convergere verso quel pensiero.

"Se un uomo rapina una banca per me, vale la pena aspettarlo".

Si mise a piangere. E mentre piangeva, si accorse che intanto sorrideva.

L'isola, una famiglia

La prima cosa che ti colpisce quando sbarchi sull'isola, é il colore del mare e le montagne che sembrano nuvole.

Il clima è mite e il mare non è mai lontano da dove ti trovi.

Gli abitanti del villaggio sono gentili e si fanno gli affari loro. Sono persone orgogliose, laboriose e piuttosto riservate. Mario dice sempre ironicamente che è più facile sbarcare sulla luna che essere accettato come amico in quell'isola. Molto diverso da dove proviene lui, la terraferma, "il continente", come lo chiamano. Lì sono più amichevoli, più aperti e accoglienti. Ci sono, ovviamente, le eccezioni, in entrambi i casi. Del resto, esiste un posto perfetto in cui vivere?

Un'altra cosa che la gente di lì fa è affibbiare nomignoli a tutti, alcuni orribili, e una volta che hai il tuo, ti seguirà per il resto della vita, tu e la tua famiglia. È come uno stemma, un blasone familiare non desiderato.

Mario non ha mai approvato quel costume. È offensivo per la persona a cui il soprannome è affibbiato. A volte prende di mira parti private, e allora ti chiedi come hanno fatto a saperlo. Spera con tutto il cuore che un giorno quell'abitudine cessi.

Ad ogni modo, là sul "continente", le persone sono generose e fanno di tutto per aiutarti. Mario pensa spesso a loro con affetto, cordialità e nostalgia.

Molto diverso dall'isola, dove tutto ha un prezzo.

Gli abitanti del paese sono in prevalenza pescatori o marinai. I turisti, quelli che possiedono case o ville nella zona, e che provengono da altre parti dell'isola o da fuori, sono per lo più professionisti. La gente del villaggio li considera "non come noi" e sono trattati con studiata gentilezza e indifferenza.

Le persone del "continente" poi vengono spesso descritte con una sorta di compassione, perché "non puliscono le loro case come noi" o "sono sempre al telefono" e così via. A Mario nel complesso piacciono, perché per lo meno si trova a proprio agio con loro e sono genuine e simpatiche.

Isola, 1979

La sirena del traghetto echeggia in lontananza. Mario è nella cucina del suo ristorante, sul lungomare dell'isola, sta tagliando le verdure sul tavolo di metallo.

“Inutile pensarci”, riflette, “quello è il passato, ora siamo qui. I miei figli sono nati qui, i miei affari sono qui, non importa il passato”.

“Signor Ma, buongiorno. Ti ho portato del pesce È bello e fresco... lo vuoi?”.

Una voce familiare. Nani, il pescatore, viene per un po' di soldi.

Mario smette di tagliare, poi dà un'occhiata al pesce, senza entusiasmo.

“Che cos'è?”.

“Calamari e cefali, e gamberetti”.

“No, grazie. Ne ho sei chili dalla settimana scorsa”.

“Eh, allora è pronto per il bidone della spazzatura, ti farò uno sconto, ok?”.

Nani posa il pesce sulla bilancia della cucina. È un giovane di venticinque anni. Mario l'ha visto crescere, da ragazzino diventare un giovane forte e robusto. “Mi stai ascoltando? Ho detto no, grazie!”.

“Nemmeno ottomila al chilo... Sono stato tutto il giorno in acqua”.

“Non lavori anche per il traghetto?”.

“Allora, signor Ma?”.

“Be'”, dice Mario, “sei fuori servizio alle sette, sono le undici, quindi... hai pescato per quattro ore”.

Nani sorride prima di parlare: “Ehi, sei ben informato, signor Ma, stavo solo scherzando”.

“Anch'io stavo scherzando. Sono affari tuoi. La verità è che il ristorante sta andando male in questo periodo. I turisti sono pochi, la stagione ha avuto un brutto inizio, è piovuto per tutto aprile".

Nani lo interrompe. "Il signor Bartas sta lavorando bene. Toretto gli ha venduto trenta chili di pesce in una settimana".

"Conosci la storia", risponde Mario in tono paternalistico. "Ha dei clienti abituali ed è nato qui. Tutti gli mandano dei clienti dal traghetto".

"Andiamo, signor Ma, ora sei ingiusto, se lavora più di te, ci deve essere una ragione".

"Sì, due ragazze tedesche che servono in minigonna".

"Perché non fai la stessa cosa? Sei ancora giovane, divorziato, libero", fa lui mostrando interesse.

"Vedo che sei bene informato".

"Quando tua figlia era qui, le cose erano diverse", continua Nani.

"Lo so, parlava anche la tua lingua".

"Era comprensiva, sapeva come trattare i clienti".

"Sì, gli dava tutto...".

Il ragazzo si accalora a quelle insinuazioni.

"Signor Ma, stai parlando di tua figlia".

Mario lancia una manciata di sale nella zuppa.

"E tu ci inzuppavi le dita. Dai, non c'è bisogno di sentirti offeso. Mi sarebbe piaciuto se fossi diventato mio genere, ma io sono un uomo che guarda alla realtà, dovresti conoscermi ormai".

"Sì, ti conosco, ma a volte sei un po' troppo duro, specialmente quando c'è di mezzo la famiglia".

Toni, l'assistente di cucina, un ragazzo di diciannove anni, entra con impeto interrompendo la conversazione.

"È vero, glielo dico spesso".

Lui, lo guarda accigliato, sta mescolando la zuppa. "Chi ti ha chiesto un parere, signorina tu-mi-stufi?".

"Scusate, ma la conosco bene, è la mia migliore amica. Nessuno era in grado di capirla da queste parti".

"Era una buona alleata, non è vero?".

Nani si sta preparando ad andare via.

"Penso che ne avesse più di uno di alleato... Signor Ma, lo aggiungo al conto, ci vediamo dopo".

"Certo. Alla fine, fanno sempre quello che vogliono con me!", continua a borbottare Mario mentre assaggia la zuppa. "Puah, troppo sale". Guarda Toni che sta sbucciando le patate vicino al lavandino. "Quante volte ti ho detto di badare ai fatti tuoi?". Toni lo ignora e continua a lavorare. "Tutti sono sempre pronti a giudicare le azioni degli altri. Quando mia moglie mi ha lasciato per quel bellimbusto tedesco, tu hai trovato qualcosa da dire, come se fosse colpa mia, mia!"

Il ragazzo si rabbuia, smette di sbucciare le patate. "Che cosa c'entra tua moglie? È successo dieci anni fa. Stiamo parlando di Marianna, tua figlia".

"L'ho forse mandata via io? Cosa deve fare un uomo per mantenere la propria integrità, per avere il rispetto degli altri?".

Toni è sconcertato. "Non ti capisco!".

"Sì, certo, non mi capisci, chi lo fa? Comunque, è troppo tardi, nessuno vuole capire un uomo più anziano, semmai deve essere lui a cercare di capire la gioventù, se riesce a tenersi fuori dal mattatoio per qualche altro anno".

Toni, dopo un momento d'esitazione lo interrompe.

"Parlando del mattatoio, signor Ma, hai comprato la carne? L'ultima bistecca ci ha lasciato la notte scorsa".

Mario si copre la faccia con la mano in un gesto tragicomico.

"Oh... Gesù Cristo, mi sono scordato!".

"Morning Pa!".

Gavi, il figlio di Mario, ha ventun anni. Un ragazzo alto e magro che indossa jeans strappati. Un anello gli attraversa il naso e un altro il labbro inferiore.

"Ecco il figlio della mia giovinezza, il primogenito, la carne della mia carne, le ossa delle mie ossa...".

"Va bene papà, hai fatto il punto, salvami dalla tua ironia!". Guarda Toni con un sorriso, poi continua: "Al bar ci sono due milanesi noiosi, vorrebbero prenotare un tavolo. Vogliono sapere, 'se è fresco o congelato. Potremmo vederlo?'", fa imitando la voce di un cliente.

Mario getta un panno sul tavolo.

"Scommetto che gli hai detto che è congelato!", si lamenta mentre esce dalla cucina. "Ora me lo dice, venti minuti dopo".

Gavi e Toni ridacchiano alle sue spalle.

"Ci casca sempre! Qual è il problema con il vecchio scontroso? Non lo vedevo così sconvolto da anni", domanda Gavi.

"Non lo so, stavamo parlando di tua sorella".

"Oh, quella. Stavi suonando la sinfonia sbagliata".

"Non sono stato io. Era Nani".

"Chi altro? Per Nani esistono solo due cose, la birra e Marianna".

"Parla bene di lei".

"Ci credo. È impazzito per lei. Riesci a immaginare? Marianna con un pescatore".

"Ho visto di peggio!".

"Anch'io...".

Toni si infastidisce e interrompe Gavi: "Dai, sai di cosa sto parlando. Tornerà presto. Ho ricevuto una lettera la settimana scorsa. Volevo dirlo a tuo padre, ma... non ho trovato il coraggio. Gli parlerai di Marianna?".

"Ascolta, io mi faccio i fatti miei. Sono già nei guai con il vecchio. È una questione di sopravvivenza. Fagli una sorpresa. La sua vita sta diventando tediosa in questo buco di terra sperso in mezzo al mare. Ok? Facciamogli una sorpresa".

Mario torna in cucina qualche minuto dopo.

"Se ne sono andati, i tuoi noiosi milanesi".

"Non importa, Pa, ne prenderemo altri nella rete, forse anche qualche torinese".

Mario sembra sbadato adesso, ma continua a lamentarsi.

Gavi si sforza di distrarlo. "Ho un'idea, Pa, ascolta. Facciamo come in quel ristorante di Porto Verde. Il cliente alza un dito, indica l'aragosta e un attimo dopo è sulla griglia... viva".

"E chi pescherà l'aragosta, tu?".

"Costano così tanto in questi giorni", interviene Toni.

"Io non sono un pescatore", ribatte Gavi irritato dalle allusioni di suo padre.

"Lo so. Non sei neanche un ristoratore o un costruttore. Tu non sei...".

"Dai... sempre la stessa storia. Non è colpa mia se sono disoccupato".

"Disoccupato? Potevi restare nell'esercito, ti volevano. Eri bravo coi fucili".

"Non lo volevo io!", grida Gavi, arrabbiato.

"Avresti potuto restare altri due anni. Nel frattempo il tuo barbiere avrebbe imparato a tagliare i capelli".

"È inutile discutere con te di qualsiasi cosa, quando sei di questo umore".

"Non sono di nessun umore. Le mie sono osservazioni vere. Non mi è permesso esprimermi apertamente?". Imita la voce di suo figlio: "Chiedo scusa, signore e signori, se non prendo il mio microfono o l'ultimo gadget ultrasonico. Proverò a fare del mio meglio".

Toni capisce che è meglio se ne rimane fuori. "Signor Ma, posso uscire per un momento?".

"Anche tu... dobbiamo cercare di lavorare ora. Siamo stati in letargo tutto l'inverno".

"Era diretto a me?", chiede Gavi.

"Oh no, non oserei mai".

Toni si sforza di attirare l'attenzione.

"Per favore, posso andare? È urgente".

"Vai, vai, se devi. Passi giorni al telefono".

"Conosci il tuo problema, vero?", riprende Gavi.

"No, non lo so. Dimmi, sono tutto orecchie".

"Vuoi limitare la vita a tutti quelli che hanno la sfortuna di trovarsi vicino a te".

"Sì, e di solito è troppo tardi. A volte mi chiedo: vale la pena allevare una famiglia, badare ai figli?". Ora c'è tristezza nella sua voce.

"Nutrirli, vestirli, aiutarli quando sono nel bisogno...", prosegue Gavi, ma il padre lo ignora.

"D'altra parte, non posso nemmeno lamentarmi. Tu e tua sorella avete preso il diploma... dopo tanta fatica. Non è colpa tua se non riesci a trovare un lavoro. Sono stato un povero, vecchio stupido, a pensare che voi due avreste preso in mano questa attività. Tra gli odori della cucina? Stai scherzando! Uno vuole vestirsi all'ultima moda. E la moda è sprecata in un ristorante. Che noia, sempre a badare alla cassa, al bar, alla gente o alla cucina puzzolente".

Gavi gli mette un braccio sulle spalle. "Pa, non devi prenderla così!".

"Lo so, figlio mio. Riguarda tua madre. A volte sono torturato dagli incubi".

Gavi è sorpreso dalla risposta.

"È successo molto tempo fa, papà. Non devi pensarci".

"Più facile a dirsi che a farsi, posso assicurartelo". La sua voce è ancora più triste, sembra sul punto di piangere. "Non fraintendermi, figliolo, non me ne frega niente di tua madre ora. Sto parlando delle ragioni, della verità. Non riesco ancora a trovare una risposta". Guarda con compassione il figlio. "Poverini, tutti e due! Deve essere stato uno shock terribile, perderla all'improvviso, così".

"Te l'ho detto, non serve a niente pensarci. Abbiamo capito".

"Se avevi capito, perché non me l'hai spiegato?".

"Abbiamo capito la situazione, papà. In altre parole, non ti abbiamo biasimato. La maggior parte delle volte era sotto l'effetto dell'alcol. E poi, quando lo incontrò, sospettammo anche altre cose, specialmente Marianna".

"Marianna, come l'ha presa, figliolo? Anche lei se ne è andata via, non molto tempo dopo".

"Come me, papà, credimi".

"Era così attaccata a sua madre. Ho sempre creduto che si comportasse in quel modo imbarazzante per farmela pagare. Per vendicare sua madre".

"Vendicarla papà? Di cosa stai parlando? Anche Marianna ti vuole bene".

"Se mi vuole bene", continua Mario, "perché se n'è andata?".

"Crisi dell'adolescenza, papà. Ha sentito che doveva andarsene a conoscere il continente, proprio come ho fatto io".

"Ma almeno sapevo dov'eri, nell'esercito".

Si interrompe. La sua voce è stanca, ma sta ancora riflettendo.

"Devi cercare di capire la mia situazione", riprende.

"La capisco", annuì Gavi. Non aveva voglia di proseguire quella conversazione.

"Senti, non mi considero finito. Ho avuto un matrimonio sbagliato e presto raggiungerò i cinquanta. Se mai, è un incentivo a comportarmi in un certo modo".

"Non ti sto seguendo, pa".

"Almeno stiamo parlando, figlio mio. È come la tua idea politica, tu hai la tua idea in politica, non è vero?".

"Certo che ce l'ho, e non posso cambiarla".

"Sono come la tua idea politica, posso sbagliare ma non posso cambiare".

Toni entra in cucina singhiozzando. Gavi lo guarda, sollevato dall'interruzione.

"Cos'è successo ora? Non dirmi che ti ha lasciato di nuovo. Voi due siete come cane e gatto. Dai, vieni qui, vedrai che tutto andrà bene", Mario cerca di consolarlo. "È ora di prepararsi, i clienti stanno arrivando".

Di solito questo funziona con Toni. Il senso del dovere è più forte della sua delusione, pensa Mario sorridendo.

La vita in un ristorante é monotana, specialmente se é quasi vuoto, all'ora di cena. Il signor Loreddo un vecchio cliente di Mario gli sta raccontando che sua moglie è dovuta andare via per motivi familiari.

"Le ho detto: cara, se proprio devi andare, allora vai! Potresti anche fare qualcosa per la tua sciatica mentre sei lì. Le nostre cliniche fanno miracoli, lo sai? Le piace andarci, sua sorella abita nelle vicinanze, ha una bella casa con un giardino meraviglioso, vive con sua madre. Una donna ben oltre i novanta, piena di energia. Ricordo che nel 1958, quando ero là, scavava e sistemava il giardino come una giovincella. Mi sono chiesto molte volte da dove prenda tutte quelle energie".

Mario è un po' stanco di stare lì ad ascoltarlo.

"Anche mia madre era così! Ora, per dessert, cosa posso offrirle?".

L'altro va avanti imperterrito. "Dico sempre a mia moglie: vivrai fino a cent'anni. Ascolta, mi sono state raccontate alcune storie su sua madre, a volte i figli sono crudeli verso i loro genitori e quando arriverà il momento, ci saranno un sacco di discussioni e polemiche... Lo so, una donna che ha lavorato tutta la sua vita. Ha seppellito due mariti, sì, non molto fortunata sotto questo aspetto, ma l'hanno lasciata bene...".

Mario dà uno sguardo a un altro tavolo dove due clienti non sono stati ancora serviti del primo piatto.

"Hanno ordinato due spaghetti al ragù", dice a Toni in cucina.

"No, signor Ma, mi ricordo molto bene. Hai detto due risotti alla pescatora!".

"Aspetta, glielo chiedo di nuovo".

Più tardi, è seduto dietro al bancone, e sta parlando con una giovane coppia in luna di miele.

Lui guarda teneramente la moglie e le tiene la mano.

"Non pensavamo che fosse così bello, così naturale. Da noi il mare è inquinato. Abbiamo fatto la cosa giusta a venire qui in luna di miele".

"Quando sei in luna di miele, è tutto bello", commenta Mario.

"Non è vero", dice l'altro, "siamo stati a Corfù alcuni giorni, siamo rimasti delusi".

"Certo, non c'è paragone! Il nostro è il paese più bello del mondo. In confronto, gli altri posti non sono niente".

"Eh, basta, altrimenti finiamo per parlare di politica, e non ne ho voglia, non ora comunque. Qui mi sento libera, lontana da ogni altro luogo", interviene la moglie.

Spero che non succeda quello che accadde l'anno scorso in una situazione simile, pensa Mario. La sposa si innamorò di un marinaio del posto e lo sposo tornò a Torino da solo. Se ne parlò dappertutto sull'isola.

Gli sposini in luna di miele salutano e si avviano verso il loro albergo, proprio mentre entrano Nani e Toretto. Probabilmente è la loro ultima tappa nel giro dei bar.

"Il traghetto era pieno", dice Nani. "Stanno arrivando a migliaia".

"Dove vanno? Non si fermano qui!".

"Ci sono un sacco di turisti sulla costa, non sanno più dove metterli!", aggiunge Nani.

"Beati loro! Eccoci qui, aspettiamo l'estate e quando finalmente arriva, se ne vanno da qualche altra parte".

"È vero, ma ti lamenti sempre, signor Ma!". Toretto, il giovane, amico di Nani, si unisce alla conversazione.

“Sentilo! Uno che porta a casa due milioni di lire al mese, oltre a quello che guadagna con la pesca. Non vale più la pena di avere un'attività”.

“Ehi, signor Ma, non esagerare. Due milioni al mese?”.

“Ah, vedi... quando ti avvicini alla verità...”.

“Parliamo piuttosto della ragazza svedese che tieni al piano di sopra”.

“Ascolta, sono stato dieci anni in Svezia quando avevo diciott’anni, ho avuto tutte le ragazze che volevo”.

“Perché sei tornato, allora?”.

“Perché sono pazzo. Ero così felice lì!”.

“Scommetto che ci andasti per evitare il servizio militare”.

“Era uno dei motivi”.

“Diamo sempre la colpa ai ragazzi, e i padri, allora?”.

“Ho dovuto fare due anni in marina. Quello era il vero servizio militare, ora è come andare in vacanza”.

“Altre due birre, per favore”, ordina bruscamente l'altro. Ovviamente, ha già sentito quella storia.

“È mezzanotte. È ora di andare a letto, voi due!”.

“Ora sei cattivo”.

“Mi alzo presto la mattina io, sai?”.

“Per fare cosa? Non c'è nessun cliente...”.

“Andiamo, voi due... fuori!”.

"Ok, ok", si lamenta Nani. "Ce ne andiamo. Non fare aspettare la ragazza svedese".

"Nessun pericolo. È la fidanzata di mio figlio. Non penso che abbia bisogno di aiuto da parte vostra".

Nani e Toretto se ne vanno via ridendo.

La voce di Toni rimbomba dalla cucina.

"Posso andare, signor Ma?".

"Certo. Pensavo che te ne fossi già andato!".

"Ho dovuto mettere il pesce nel congelatore. Non dimenticare di comprare la carne. L'abbiamo finita".

Non può fare a meno di dire: "Non ci credo! Un'isola, pesci ovunque e tutti mangiano carne. Ti chiedono: che tipo di pesce hai? Gli do l'elenco completo, lo guardano e dopo ti dicono: per me una bistecca, per favore!". Lo dice imitando la voce di un cliente esigente.

Il ristorante è chiuso. Mario sta controllando i conti, seduto al piano di sopra, nel suo studio.

Si addormenta con la testa sul tavolo. Il suono profondo della sirena del traghetto che sta attraccando al porto lo sveglia. Le cinque in punto. Di lì a poco, il rumore arrugginito del treno che esce dal ventre del traghetto, e infine automobili e passeggeri a piedi.

È allora che sente bussare con impeto alla porta.

Lentamente e con riluttanza va ad aprire. Si trova davanti una giovane donna con una piccola valigia. I capelli neri e disordinati quasi le coprono interamente il viso. Sta piangendo.

La voce gli ricorda la figlia, quando era bambina e piagnucolava in quel modo.

"Marianna, sei tu?".

La ragazza smette di piangere. Cerca di ricomporsi, tirandosi indietro i capelli con le dita, e poi sussurra: "Sì, papà, sono io. Mi aiuti, per favore? Sono stata aggredita e violentata".

"Che vuoi dire? Chi è stato? Dove? Vieni, cara, cosa...?".

Mario è preso dal panico. È in una specie di shock che lo rende indifeso e insensibile, come se qualcuno gli avesse succhiato via ogni forza.

"Chi è stato, dimmelo, ti prego".

"La notte scorsa", ora quasi grida Marianna. "Ho guardato la televisione al bar per circa un'ora, poi sono andata alla mia cabina. È in fondo a un lungo corridoio. Stavo tirando fuori la chiave dalla borsa quando improvvisamente una porta si è aperta e qualcuno mi ha spinto dentro con forza". Si ferma un istante a riprendere fiato. "Ho urlato, ma mi ha coperto la bocca con la mano, non riuscivo a respirare. Poi mi ha puntato un coltello alla gola e ha detto che se non stavo zitta me l'avrebbe tagliata. Ha fatto tutto quello che voleva".

L'abbraccia, la stringe forte, per consolarla.

"Ero terrorizzata, ho cercato di scappare, ma mi ha dato un pugno in faccia. Ha detto che mi avrebbe buttata in mare. 'L'ho già fatto', ha detto, 'nessuno ti aiuterà. Sarai solo un altro corpo sulla spiaggia!".

"L'hai raccontato a qualcuno sulla nave?".

"No, papà, non l'ho fatto. Voglio che nessuno lo sappia".

Mario non riesce a credere a quello che ha appena ascoltato.

"Ma guardati! Guarda cosa ti ha fatto quel criminale. Dobbiamo andare alla polizia, subito!".

"No, non andrò alla polizia, papà. Non deve saperlo nessuno".

"Ma non è giusto! Continuerà a farlo ad altre donne. Ha detto che ha già ucciso".

"Mi dispiace, papà. Non voglio dirlo a nessuno".

"Ma perché? Perché? Lo prenderanno se lo farai. Gli diremo il numero della cabina... Era accanto alla tua?".

"Diranno che era colpa mia, che lo volevo... so come vanno le cose in questi casi. Sì, conosco il numero della cabina, ma non te lo dirò".

“Non capisco...”.

“Ha detto che mi conosce, che sa dove vivo. Verrebbe a cercarmi. So che lo farebbe”.

“Forse stava bluffando...”.

“Papà... non voglio correre il rischio e non voglio vivere nella paura”.

“Le cose sono diverse, ora, verrà fatto tutto in maniera discreta e veloce, me ne accerterò”.

“No, no... promettimi che non lo dirai a nessuno”.

Aspetta la sua risposta con determinazione. Ma lui non dice niente.

“Papà, prometti o me ne vado. Subito!”.

Sa che lo farebbe. La conosce, onesta, ma testarda come sua madre. Se ne andrà in quello stato.

Non può altro che accettare.

“Lo prometto. Lo prometto”.

Rimangono stretti l'uno all'altra.

Da tanto tempo Marianna non si sente così al sicuro, così protetta.

Quella sorta di quiete non dura a lungo per Mario. D'un tratto ricorda quella notizia di tre anni fa. Il corpo di una ragazza era stato trovato sulla spiaggia, a una cinquantina di chilometri dal loro paese

I notiziari locali e nazionali se ne occuparono a lungo, ogni giorno. Era molto difficile identificarla, era stata in mare per troppo tempo. E anche stabilire il motivo della morte era difficile. La polizia e le autorità giudiziarie ipotizzavano che avesse nuotato fino ad allontanarsi troppo dalla costa e che fosse stata trascinata via dalla forte corrente. Venne fatta un'attenta ricerca tra le persone scomparse e alla fine le indagini si restrinsero a una dozzina di identità.

Finalmente, fu possibile identificarla grazie ai genitori. Vennero sull'isola e riconobbero la figlia, grazie a un piccolo neo sul suo corpo. Aveva diciannove anni ed era scomparsa un mese prima per motivi sconosciuti. Si stabilì che si trattava di "morte accidentale" e il caso fu chiuso.

I genitori non hanno mai creduto a quella conclusione. Era una nuotatrice bravissima, e conoscendo il carattere della figlia, erano sicuri che non poteva essersi allontanata così tanto dalla spiaggia. Cercarono di riaprire il caso, ma senza successo. Ogni tanto tornano ancora sull'isola sperando di venire a capo del vero motivo della morte della figlia.

Marianna si stacca dall'abbraccio. Guarda suo padre con inquietudine.

"Sento che ora sei distante, papà. A cosa stai pensando?".

Anche lui la guarda. Ha gli occhi rossi, Marianna, un grosso livido sul viso, e un anello rosso intorno al collo.

Non può evitare di sentire una rabbia feroce verso l'animale che ha fatto tutto questo a sua figlia. Ma la trattiene dentro di sé.

"Sto pensando a te cara, a quello che hai passato". Le tiene il volto e la bacia teneramente sulla fronte, come faceva quando era bambina. "Non preoccuparti, tesoro, sarà il nostro segreto", la rassicura. Ma dentro di lui c'era un turbine di emozioni e di rabbia che cerca di esplodere, mentre una voce tenebrosa gli dice: "L'ho già fatto. Nessuno ti aiuterà. Sarai solo un altro corpo sulla spiaggia!".

Sorride penosamente, mentre dice tra sé: "Non preoccuparti, Marianna, nessuno saprà cosa ti ha fatto, ma non mi fermerò finché non lo avranno preso e rinchiuso in galera per sempre. Te lo prometto!".

Intorno a loro c'è solo silenzio ora. L'isola sta ancora dormendo.

Si sente sollevato al pensiero della vendetta.

Si abbracciano di nuovo. Sanno che si sono ritrovati.

La finestra giusta

La corriera arranca sbuffando per la ripida salita; nente era cambiato.

Rivedevo i monti che per tanto tempo avevo sognato, i campi verdi, fecondi e in basso, lontanissimo si poteva scorgere il mare, quel mare che io da ragazzino guardavo per ore ed ore senza stancarmi mai.

Mio padre, mi sorprendeva a volte assorto in quella tenera contemplazione.

"Che cosa guardi Remo, perché non vai a giocare?" "guardo il mare", rispondevo ancora sognante, "quando saró grande lo conosceró."

In un primo tempo, ricordo vagamente che non pareva fare caso alle mie risposte e alla mia continua fissazione del mare, come la chiamava lui, ma col passare del tempo, dovette riconoscere che si trattava di piú di una semplice smania di un bambino e quando mi scoprí per l'ennesima volta alla finestra proibita, fu molto severo con me; fu l'unica volta che scorsi l'ira nei suoi occhi limpidi e dolci; mi scaraventó letteralmente giú dalla sedia di cui mi servivo per guardare meglio, quindi, dopo avermi trascianto in un'altra stanza, spalancó con furia la finestra: "guarda," mi disse, "guarda quei boschi, quei campi! Questa é la finestra giusta, ricordatelo sempre."

Povero babbo, come aveva ragione; l'avevo capito solo adesso che era troppo tardi per renderlo felice con il mio pentimento, con il mio amore di figlio, speravo soltanto di arrivare in tempo per dargli l'ultimo saluto.

Finalmente la corriera ansante arrivó in cima alla salita. Adesso correva silenziosa lungo le strette viuzze del paese; tutto sembrava piccolo e striminzito. Le case sembravano capanne; i bambini uscivano laceri dalle piccole casette ridendo e gesticolavano con quelle loro manine sporche e magre.

Provai tenerezza e rimpianto constatando che il vecchio mezzo di trasporto che aveva divertito i padri, un tempo, era l'unica distrazione quotidiana per i figli.

Mentre camminavo alla volta della fattoria, mi guardavo intorno cercando attentamente qualcosa che mi collegasse al passato: riconoscevo la fontana dove un tempo mi fermavo a bere scendendo dai miei boschi, la chiesetta quasi arrampicata sopra un sasso, la gente, gli amici di un tempo; come avrei voluto essere uno di loro...

Cercavo nei loro occhi un gesto d'amicizia, d'incoraggiamento, ma vi leggevo solo indifferenza. Non ero piú uno di loro ma soltanto un tale che tanti anni fa era partito e ritornava adesso che il padre era morto di crepacuore per averlo atteso a lungo. Avrei voluto gridar loro che ero cambiato, ero un uomo adesso, ma a che sarebbe servito?

La strada mi sembró piú lunga e malandata, il caldo vento estivo muoveva lentamente l'erba gialla arsa dai cocenti raggi del sole. La campagna intorno a me pareva dormire nel silenzio che la circondava; non si udiva un rumore, una voce, neanche il canto delle donne che ai mie tempi si radunavano sotto la pergola dell'orto e cantavano felici mentre la campagna sembrava scuotersi, risvegliarsi ed unirsi ai loro canti con il fruscio del grano, ormai maturo e il canto degli uccelli.

Pensai a Maria. Cara Maria, la rivedevo piangere e disperarsi per la mia partenza con i capelli che le cadevano a ciocche sul bel viso. Baci, sospiri, promesse fatte e non mantenute; chissa se mi apettava ancora o mi aveva dimenticato, era passato tanto tempo!

La casa mi apparve improvvisa come in un sogno, il vecchio cane Flok, mi venne incontro ringhiando sospettoso; non mi riconosceva ma non possedeva piú la forza di abbaiare. Il rimorso per averli abbandonati si fece piú vivo e bruciante fino a farmi piangere. Guardai mia madre che restava ad osservarmi muta sulla soglia della casa, lasciai cadere il sacco con le poche cose che avevo e le corsi incontro pronto ad umiliarmi, ad implorare in ginocchio il suo perdono, ma non ce ne fu bisogno, mi accolse piangendo a braccia aperte sussurrando parole incomprensibili.

Piú tardi, quando i nostri cuori furono liberi dalla commozione dell'incontro e le nostre voci suonarono ferme e naturali mi parló di mio padre. Era morto due giorni prima di un male improvviso; se n'era andato rapidamente senza soffrire troppo con il mio nome sulle labbra.

Moriva e mi pensava, moriva e si preoccupava per me metre io non avevo esitato ad abbandonarli per raggiungere i miei sogni di bambino. Il mio mare.

Ma che cosa era rimasto dei miei sogni? In che modo il mare aveva contraccambiato i miei dodici anni di lavoro?

Appena compiuto il diciottesimo anno di etá mi arruolai nella marina militare, nulla poté fermarmi, né i pianti di mia madre, né le minacce di mio padre che dopo giorni e giorni di lotta continua dovette arrendersi per il benessere e la pace della famiglia.

M'imbarcai su una nave scuola, i primi anni furono meravigliosi, non mi stancavo mai di viaggiare e d'imparare, ed ogni porto, ogni paese, assumeva per me una luce particolare, quasi irreale, imparavo a conoscere il mondo, diventavo un uomo vissuto e mi sentivo molto fiero e importante. Con il passare degli anni peró, la mia passione si andava pian piano spegnendo, cominciavo a sentire la monotonia delle lunghe traversate e la noia di un lavoro sempre uguale; la carriera era importante al principio, ma superflua col tempo. Ne seguirono imbarchi e sbarchi a non finire, mille volte attesi invano una lettera dai miei e fui sul punto di ritornare al paese, ma il mio stupido orgoglio riusciva sempre ad avere la meglio fino a che non ricevetti il telegramma con la notizia piú triste del mondo.

Adesso ero quí, fra la gente e i luoghi che avevo abbandonato e che inconsciamente avevo sempre amato e guardavo i campi che ricordavo cosí fertili soffocare sotto cumuli di sassi e di sterpaglia: era giunto il momento di cominciare una nuova vita, una sana vita con la terra ed io sarei ruscito a farla produrre ancora come un tempo. Dal mare ai campi; lo dovevo a mio padre, pensai con orgoglio, e lo faró.

I primi giorni furono duri, con l'aiuto di due vecchi contadini di mio padre, lavorammo tutti i giorni sotto il sole bruciante. Le pietre furono ammucchiate una dopo l'altra in un angolo, sarebbero servite in seguito a dividere la nostra proprietá e riparare il confine dalla propietá accanto. Dopo qualche settimana, il terreno era pronto per l'aratura, non restava che attendere il termine della calda estate.

Il giorno che rividi Maria, fu un giorno triste per me. Avevo sempre evitato di nominarla perfino con mia madre. Due mesi erano passati dal mio arrivo e non sapevo ancora se fosse libera o meno; preferivo ricordare la ragazzina che mi aveva amato non quella che Maria era adesso o sarebbe diventata nel futuro. Il mio era un dolce ricodo e non volevo che la gente mi sciupasse quel poco che ne rimaneva.

La donna che mi guardava con evidente disprezzo, non aveva niente della timida ragazzina di un tempo. L'aspetto fisico non era mutato, forse piú maturo ma non per questo meno bello. Conservava la figurina snella e minuta; gli occhi e i capelli castani brillavano di una luce insolita in quel visetto fragile che sapeva assumere toni duri e spietati come in quel momento che mi guardava.

Mi fermai stupito ad osservarla. Nei suoi occhi avevo letto rancore, odio, non credevo davvero di meritarmi tanto. La guardai a lungo come per cercare una spiegazione per le parole che non aveva detto ma che io avevo intuito tanto chiaramente.

I passanti cominciavano a fermarsi incuriositi; aspettavano questo momento da tanto tempo e non si preoccupavano neanche di salvare le apparenze ostentando una falsa discrezione.

Una ragazza bionda, alta e magra che identificai poi come Francesca, la sorella minore di Maria uscí da un negozio trascinandosi dietro un ragazzino biondo e robusto. Dopo aver sussurrato alcune parole alla sorella, presero a camminare lentamente, discutendo sommessamente fra loro.

Rimasi a gurdarli costernato mentre si allontanavano, e finalmente mi sembró di capire molte cose.

"C'é una signorina che chiede di lei", annunció Marta , la donna a ore che aitava mia madre per sbrigare le faccende di casa; era una donna grassoccia e sgarbata ma in fondo semplice ed onesta.

Aprí la porta dello studio pensando alle parole che avrei dovuto dire, ero preparato ormai alla visita di Maria, quindi potevo affrontarla con calma e fermezza.

Francesca, era seduta sulla vecchia poltrona di mio padre e mi guardava divertita.

"Sei tu, che cosa vuoi?" Domandai brusco cercando di nascondere la mia delusione.

"Deluso?".

"Puó darsi, risposi avvicinandomi a lei, allora?", la esortai leggendo nei suoi occhi l'imbarazzo.

"É per Maria", disse ad un tratto fissandomi con i suoi occhi chiari e tristi, "piange, si dispera, pensa che tu voglia accampare dei diritti su Paolo, vostro figlio".

Si fermó mordendosi le labbra con forza.

"Non conoscevo nemmeno il suo nome", conclusi con amarezza. "Perché non sono stato avvertito, avrei fatto il mio dovere, stanne certa. Che cosa pretendi, che me ne stia tranquillo sapendo che mio figlio chiama papá un estraneo?".

"Non lo potresti provare", quasi urló alzandosi di scatto e mi raggiunse vicino alla finestra.

"Questo lo dici tu", risposi ironico: "mi somiglia in un modo sorprendente". Lei cominció a passeggiare nervosamente per la stanza.

"Ti prego, Remo, lascia che ti spieghi; la storia é lunga, sará bene cominciare per gradi. Tu sai certamente che mio padre non era contento della tua relazione con Maria, vero?".

Annuii. I Gerri e la mia famiglia con i loro genitori non erano mai andati d'accordo da generazioni e generazioni. Infatti, essendo i loro terreni confinanti si accusavano a vicenda di furti, appropriamenti e cosí via. Tuttavia, non era mai stato un ostacolo per me.

"Ebbene", continuó Francesca, "eravate due ragazzi; dopo la tua partenza Maria si accorse di essere incinta. Furono mesi dolorosi per lei che non sapeva cosa fare, come venire a capo della situazione? Pianse, si disperó, cercó di comunicare con te ma non vi riuscí. Si sentiva delusa, umiliata, cercó perfino di morire. Nostro padre non tardó a scoprire tutto, ti maledisse un'infinitá di volte gridando che mai e poi mai una Gerri avrebbe sposato un Carpi. Rinchiuse mia sorella in camera dicendo che ne sarebbe uscita soltanto in abito da sposa con un marito, personalmente scelto da lui o in una bara." Esitó per un attimo, mordendosi le labbra, poi continuó:

"Adesso Maria é sposata con Ugo Volpi, possidente e vicesindaco del paese, non é stato il grande amore come lei sognava ma adesso é felice, ha raggiunto una certa tranquillitá. Ha un marito devoto, affettuoso e vuole bene a Paolo piú che se fosse suo figlio".

La guardai affascinato, non mi sarei mai stancato di ascolatrla. Mentre parlava, gli occhi le si dilatavano fino a divenire immensi; i capelli biondi le cadevano bruschi sul bel viso poiché la ragzza muoveva in continuazione la testa. Sentii qualcosa dentro che si risvegliava dal torpore da molti anni dimenticato. Francesca mi piaceva, non c'era dubbio ma non volevo farglielo capire. Mi riscossi in tempo e provai rabbia con me stesso per essermi lasciato imbambolare da una ragazzina.

"Ma che belle parole", esclamai beffardo facendo un'inchino: "chi credi d'incantare?.

Fai presto tu a parlare protetta dal tuo egoismo. La signorina si preoccupa soltanto della sua tranquillitá familiare. Il mio amore paterno non conta, vero? Credi che un figlio sia come un giocattolo lasciato a malincuore ad un altro. Il tuo motto é per tutto c'é rimedio, no?. Mi meraviglio che tu non mi abbia ancora offerto del denaro. No cara, ti sbagli, un figlio é parte di me, del mio passato. É, se ti pare uno dei miei numerosi sbagli, ma io non l'ignoro, e tantomeno sono disposto a rinunciarvi per pietá".

Fu come se l'avessi schiaffeggiata, si accasció sulla poltrona e cominció a piangere disperatamente, coprendosi il viso con le mani.

Sentii qualcosa dentro di me che si scioglieva e diventava caldo come le sue lacrime, che io asciugavo coprendola di baci e di carezze.

"Perché piangi?", le sussurai dolcemente, "che c'entri tu?, sei troppo pulita non devi immischiarti".

Mi strinse a sé, nascondendo il viso sul mio petto. Le presi il mento con mani tremanti e la costrinsi a guardarmi negli occhi dove leggevo amore e tristezza. La baciai ancora delicatamente sulla bocca, ma mi sfuggí veloce dall'abbraccio e quando mi voltai, intravidi la gonna leggera che spariva veloce dalla fessura della porta.

Mi sentivo triste e nello stesso tempo felice. Amavo Francesca come non avevo mai amato e questo mi rendeva felice ma pensavo a Paolo, mio figlio e a tutti gli ostacoli che avremmo dovuto saltare per far valere i miei diritti, compreso la perdita di lei e queto mi rendeva triste. Per la prima volta nella vita soffrivo sotto il peso delle mie esperienze. Era giusto!

"E cosí tu saresti mio padre?", mi disse il ragazzo sorridendo. Era una fredda giornata autunnale, stavo occupandomi dell'orto e non avevo sentito Paolo avvicinarsi. "Ti dispiace?", le chiesi guardandolo fisso negli occhi. Mi somigliava in un modo eccezionale, gli stessi occhi, gli stessi capelli chiari e ricci, perfino gli stessi gesti nel parlare.

Mi asciugai il sudore dalla fronte con la mano imbarazzato dai suoi sguardi profondi come se volesse scrutarmi l'anima.

"Vieni sotto il portico, parleremo meglio". Presi a camminare lentamente per guadagnare tempo e trovare le parole, lui mi seguiva diffidente. Era un piccolo ometto di dodici anni, non sarebbe stato difficile spiegargli, convincerlo. Mi sedetti sulla sedia di vimini invitando il ragazzo a fare altrettanto.

Quando si fu seduto e piú rilassato di prima ripetei: "Ti dispiace?"

"Non lo so ancora. Sei un'estraneo, per il momento. Non ti conosco!". Mi rispose deciso senza abbassare lo sguardo.

"Sono parole che ti ha insegnato la mamma?", chiesi ferito dalle sua risposta.

"No, la mamma non c'entra, non sa che sono venuto quí, ho sentito tutto di nascosto quando parlava con la zia, e piangeva. Non voglio che soffra. Allora ho deciso di venire a parlarti, di metterci d'accordo tra uomini". Quasi sorrisi, guardando la sua espressione seria, impegnata nel ruolo di persona adulta, pensai che anche lui doveva aver sofferto, era poco piú di un bambino e parlava da uomo.

"Sei felice?", gli chiesi cercando di abbattere il muro che ci divideva.

Sorrise: "ho un padre, una madre una casa e quasi tutto quello che voglio, non mi manca niente", rispose abbassando per la prima volta lo sguardo.

Avrei voluto gridarle che le mancava la cosa piú importante, l'amore paterno, l'affetto, la forza, la comprensione che solo un vero padre puó dare al proprio figlio, ma a che sarebbe servito?

"Ora vai, la mamma ti stará cercando". Si allontanó lentamente guardandomi con gratitudine, ero fiero di mio figlio, con la sua saggezza mi aveva impedito di commettere un altro sbaglio, ero felice perché sapevo di non averlo perduto. Il suo affetto non mi avrebbe piú abbandonato.

Si era giá fatto buio, intorno a me regnava la pace ed un silenzio incredibile. I campi, i monti si perdevono nell'oscuritá; esisteva solo il cielo immenso e l'emozione del momento piú significativo della mia vita.

Avvertii la presenza di Francesca e mi accorsi di non desiderare altro.

"Sono stata perfida", mi dissa tra le lacrime "la colpa é solo mia. Non avrei dovuto stracciare quelle lettere che Maria ti spediva, ma io ti amavo giá! Potrai mai perdonarmi?".

La rivelazione mi turbó, un semplice gesto di una ragazzina innamorata ha canbiato il senso della nostra vita. Un giorno avremmo avuto dei bambini noi due li avrenmmo insegnato ad amare la nostra terra, la nostra vita e sopratutto con gentilezza e comprensione avrebbero imparato a guardare il mondo dalla finestra giusta.

Le strinsi la mano e guardai il cielo, dove certamente dall'alto mio padre mi sorrideva.